THE ULTIMA

CW01315531

HUNGARIAN PHRASE BOOK

1001 HUNGARIAN PHRASES FOR BEGINNERS AND BEYOND!

BY ADRIAN GEE

ISBN: 979-8-872316-67-1

Author's Note

Welcome to "The Ultimate Hungarian Phrase Book" – your gateway to delving into the vibrant depths of the Hungarian language, renowned for its expressive depth and unique linguistic heritage. Hungary, a land woven with history and rich cultural tapestry, offers more than just the architectural splendor of Budapest or the soothing waters of its thermal baths. Through this book, I aim to bring you closer to the soul of Hungary, making your linguistic journey as fulfilling and immersive as possible.

As a fervent linguist and a proponent of cultural immersion, I recognize the intricate process of learning a new language. This phrase book is a culmination of that insight, tailored to be your steadfast ally in achieving Hungarian proficiency.

Connect with Me: The journey of learning a language goes beyond mastering words and grammar; it is about forming connections with people and embracing the spirit of a culture. I invite you to join me and fellow language enthusiasts on Instagram: @adriangruszka.

Sharing is Caring: If this book becomes a pivotal part of your language learning adventure, I would be deeply honored by your recommendation to others who share our love for the linguistic diversity of our world. Feel free to share your progress or celebratory moments in your study of Hungarian on Instagram, and tag me! I am excited to cheer on your accomplishments!

Embarking on the journey of learning Hungarian is like navigating through a realm filled with historic enchantment, cultural richness, and an inviting community spirit. Embrace the challenges, take pride in your successes, and enjoy every moment of your adventure into the Hungarian language.

Sok szerencsét! (Good luck!)

- Adrian Gee

CONTENTS

INTRODUCTION

Üdvözöljük! (Welcome!)

Whether you're envisioning a twilight stroll along the Danube in Budapest, preparing to explore the historic streets of Eger, seeking to connect with native Hungarian speakers, or simply learning Hungarian out of love for this unique language, this phrase book is crafted to be your reliable companion.

Embarking on your Hungarian language journey opens a door to a world defined by its rich history, intricate folk traditions, and a language that is both challenging and deeply rewarding.

Miért Magyar? (Why Hungarian?)

With over 13 million native speakers, Hungarian is not just the language of the majestic River Danube and the mysterious folklore of the Carpathian Basin, but also a significant medium in Central European culture, history, and commerce. As the official language of Hungary and spoken in several neighboring countries, it is an indispensable asset for travelers, business people, and anyone enchanted by its distinct charm.

Kiejtés (Pronunciation)

Before we dive into the diverse phrases and expressions, it's crucial to acquaint yourself with the unique rhythm of Hungarian. Each language has its own melody, and Hungarian resonates with a cadence that is both vibrant and complex, mirroring the country's diverse landscapes and history. Initially, Hungarian pronunciation may appear challenging, but with practice, the dynamic intonations and rich vowel harmony can become an exhilarating part of your language toolkit.

Hungarian pronunciation is marked by its rich vowel sounds and subtle consonant articulations. The language's characteristic vowel harmony, distinct stress patterns on the first syllable, and the crisp articulation of consonants set it apart. Mastering these nuances not only aids in clear communication but also deepens your connection with Hungarian culture and its people.

Magyar Ábécé (The Hungarian Alphabet)

The Hungarian alphabet, rooted in the Latin script, comprises 44 letters, including several unique to Hungarian. This includes distinct digraphs and trigraphs (combinations of two or three letters to represent a single sound), which are essential in articulating the language's nuanced phonetics.

Vokálok (Vowels)

A (a): Similar to the "a" in "father."
Á (á): A longer version of "a," akin to the "a" in "father" but held longer.
E (e): Like the "e" in "bet."
É (é): Similar to the "ay" in "say."
I (i): As in the "ee" in "see."
Í (í): A longer version of "i," like the "ee" in "see" but held longer.
O (o): Like the "o" in "or."
Ó (ó): A longer version of "o," akin to the "o" in "more" but held longer.
Ö (ö): Similar to the "i" in "bird" or the German "ö."
Ő (ő): A longer version of "ö."
U (u): Similar to the "oo" in "food."
Ú (ú): A longer version of "u," like the "oo" in "food" but held longer.
Ü (ü): Like the "ü" in German "über."
Ű (ű): A longer version of "ü."

Konsonánsok (Consonants)

B (b): As in English "bat."
C (c): Like the "ts" in "cats."
Cs (cs): Similar to the "ch" in "church."
D (d): Like the "d" in "dog."
Dz (dz): As in "beds."
Dzs (dzs): Resembles the "j" in "juice."
F (f): As in English "far."
G (g): Like the "g" in "go."
Gy (gy): Similar to the "du" in "during."
H (h): Like the English "h" in "hat."
J (j): Like the "y" in "yes."
K (k): As in English "kite."
L (l): As in English "love."
Ly (ly): Similar to the "y" in "yes."
M (m): Like the English "m" in "mother."
N (n): Like the "n" in "nice."
Ny (ny): Similar to the "ni" in "canyon."
P (p): As in English "pen."
R (r): A rolling "r" pronounced at the front of the mouth.
S (s): Like the "sh" in "sheep."
Sz (sz): As in English "see."
T (t): Like the "t" in "top."
Ty (ty): Similar to the "ti" in "nation."
V (v): Like the "v" in "victory."
Z (z): Like the "z" in "zebra."
Zs (zs): Resembles the "s" in "pleasure."

The Hungarian alphabet also includes compound letters like 'ty,' 'ny,' 'gy,' which are treated as single sounds. These digraphs and trigraphs play a crucial role in pronunciation and meaning. The Hungarian language is characterized by its precise vowel length and distinctive consonant combinations, making pronunciation a critical aspect of learning the language.

Hungarian Intonation and Stress

Hungarian intonation is notably distinct among European languages, characterized by its rhythmic cadence and unique vowel harmony. Generally, Hungarian words place stress on the first syllable, and understanding this stress pattern is crucial as it often shapes the meaning of words and sentences.

Common Pronunciation Challenges

Nehéz Magánhangzókombinációk (Difficult Vowel Combinations)

Hungarian features a wide array of vowel sounds, some of which might be unfamiliar to English speakers. Mastering these, especially in combination, is essential. The distinction between short and long vowels in Hungarian is also crucial, as it can alter the meaning of words a lot.

Tips for Practicing Pronunciation

1. **Hallgass Figyelmesen (Listen Carefully):** Immersing yourself in Hungarian media, such as music, podcasts, movies, or television shows, is an excellent way to become accustomed to the language.

2. **Ismételj Egy Anyanyelvi Után (Repeat After a Native Speaker):** Engaging with a native speaker, in person or through language exchange platforms, is invaluable for refining your pronunciation.

3. **Használj Tükröt (Use a Mirror):** Watching your mouth and facial movements can help you make sure that your lips, teeth, and tongue are positioned correctly to produce authentic Hungarian sounds.

4. **Gyakorolj Rendszeresen (Practice Regularly):** Consistent practice, even if it's just a few minutes each day, is the key to improvement.

5. **Ne Félj a Hibáktól (Don't Fear Mistakes):** Embrace errors as they are a natural part of the learning process, leading to greater understanding and proficiency.

Navigating the complex soundscape of Hungarian requires a commitment to mastering its unique vowel harmonies and intricate consonant clusters. As you delve into the nuances, from the soft roll of 'r' to the sharp cut of 'ty' and 'ny', each sound encapsulates an aspect of Hungary's rich history and cultural depth. With dedicated practice and a keen ear for the language's rhythmic nuances, your communication will evolve beyond simple words, capturing the essence and beauty of Hungarian culture.

What You'll Find Inside

- **Lényeges Kifejezések (Essential Phrases):** A selection of key phrases and expressions for various situations you may encounter in Hungarian-speaking environments.

- **Interaktív Gyakorlatok (Interactive Exercises):** Engaging exercises aimed at testing and improving your language skills, encouraging active use of Hungarian.

- **Kulturális Betekintések (Cultural Insights):** Discover the diverse cultural landscape of Hungarian-speaking regions, from their traditions to historical landmarks.

- **További Források (Additional Resources):** A compilation of additional materials and advice for deepening your understanding of the Hungarian language, including website suggestions, literary recommendations, and traveler tips.

How to Use This Phrase Book

This book is carefully designed to support both beginners embarking on their initial foray into Hungarian and intermediate learners looking to deepen their proficiency. Start your linguistic journey with essential phrases appropriate for a variety of situations, from simple greetings to navigating the nuances of Hungarian social customs. As you gain confidence, progress to more complex language structures and idiomatic expressions that bring you closer to fluency.

Within these pages, you'll uncover cultural insights that create a stronger connection with Hungary's rich history and vibrant contemporary life. Interactive exercises are seamlessly integrated to reinforce your learning and help you incorporate new words and grammar into your own conversations smoothly.

Learning a language is more than memorizing words and rules—it's an engaging, continuous pursuit of understanding and connection. Immerse yourself in Hungarian dialogues, explore the country's compelling literary heritage, and engage with traditions that form the tapestry of this unique culture.

Everyone's journey to language mastery is unique, characterized by its own pace and achievements. Nurture your skills with patience, enthusiasm, and an exploratory mindset. With dedicated effort, your proficiency and confidence in Hungarian will not just improve; they will flourish.

Készen állsz? (Ready to start?)

Embark on a rewarding exploration into the heart of the Hungarian language and culture. Unravel its linguistic intricacies and dive into the rich cultural offerings of Hungary. This journey promises to be as enriching as it is transformative, broadening your horizons and enhancing your global connections.

GREETINGS & INTRODUCTIONS

- BASIC GREETINGS -
- INTRODUCING YOURSELF AND OTHERS -
- EXPRESSING POLITENESS AND FORMALITY -

Basic Greetings

1. Hi!
   Szia!
   (See-ah!)

2. Hello!
   Helló!
   (Hel-loh!)

   Idiomatic Expression: "Kutya baja!" - Meaning: "No problem!" (Literal Translation: "The dog's trouble!")

3. Good morning!
   Jó reggelt!
   (Yo reh-gelt!)

   Cultural Insight: Traditional Hungarian cuisine is known for its hearty flavors, extensive use of paprika, and dishes like goulash (gulyás), chicken paprikash (csirkepaprikás), and stuffed peppers (töltött paprika).

4. Good afternoon!
   Jó napot!
   (Yo nah-pot!)

5. Good evening!
   Jó estét!
   (Yo esh-tate!)

6. How are you?
   Hogy vagy?
   (Hodj vadj?)

> **Cultural Insight:** Coffee houses play a significant role in Hungarian culture, historically being centers of literary and intellectual activity.

7. Everything good?
   Minden rendben?
   (Min-den rend-ben?)

8. How is it going?
   Hogy mennek a dolgok?
   (Hodj men-nek ah dol-gok?)

9. How is everything?
   Hogy állnak a dolgok?
   (Hodj ah-lahn-ak ah dol-gok?)

10. I'm good, thank you.
    Jól vagyok, köszönöm.
    (Yohl vah-yok, kuh-suh-nuhm.)

11. And you?
    És te?
    (Aish te?)

12. Let me introduce...
    Hadd mutassam be...
    (Hahd moo-tah-sham beh...)

13. This is...
    Ez itt...
    (Ehz itt...)

14. Nice to meet you!
Örülök, hogy találkoztunk!
(Uhr-uh-look, hohd-y tah-lahl-kohz-toonk!)

15. Delighted!
Nagyon örülök!
(Nahj-on uhr-uh-look!)

16. How have you been?
Hogy voltál?
(Hodj voltahl?)

Politeness and Formality

17. Excuse me.
Elnézést.
(El-nay-zesht.)

18. Please.
Kérlek.
(Kare-lek.)

19. Thank you.
Köszönöm.
(Kuh-suh-nuhm.)

Fun Fact: Budapest, Hungary's capital, was originally two separate cities: Buda and Pest.

20. Thank you very much!
Nagyon köszönöm!
(Nahj-on kuh-suh-nuhm!)

21. I'm sorry.
Sajnálom.
(Shoy-nah-lom.)

22. I apologize.
Elnézést kérek.
(El-nay-zesht kay-rek.)

23. Sir
Uram
(Oo-rahm)

24. Madam
Asszonyom
(Ah-sohn-yohm)

25. Miss
Kisasszony
(Kee-sah-ssown)

26. Your name, please?
Mi az Ön neve, kérem? (formal) / Mi a neved? (informal)
(Mee az Uhn neh-veh, kay-rem?) / (Mee ah neh-ved?)

27. Can I help you with anything?
Segíthetek Önnek valamiben?
(Sheg-eet-heck Uhn-nek vah-lah-mee-ben?)

28. I am thankful for your help.
Hálás vagyok a segítségért.
(Hah-lahsh vah-yok ah sheg-eet-sheh-ayrt.)

29. The pleasure is mine.
Az öröm az enyém.
(Ahs uhr-uhm ahs en-yaym.)

30. Thank you for your hospitality.
Köszönöm a vendégszeretetét.
(Kuh-suh-nuhm ah ven-dayg-ser-eh-teh-teit.)

31. It's nice to see you again.
Örülök, hogy újra látlak.
(Uhr-uh-look, hohd-y ooh-ra lat-lak.)

Greetings for Different Times of Day

32. Good morning, my friend!
Jó reggelt, barátom!
(Yo reh-gelt, bah-rah-tom!)

33. Good afternoon, colleague!
Jó napot, kolléga!
(Yo nah-pot, kol-lay-gah!)

34. Good evening neighbor!
Jó estét, szomszéd!
(Yo esh-tate, sohm-sayed!)

35. Have a good night!
Jó éjszakát!
(Yo ay-sah-kat!)

36. Sleep well!
Aludj jól!
(Ah-loodj yohl!)

Special Occasions

37. Happy birthday!
Boldog születésnapot!
(Bol-dog sue-leh-teish-nah-pot!)

Language Learning Tip: Practice Daily - Even just a few minutes of practice each day can make a significant difference.

38. Merry Christmas!
Boldog karácsonyt!
(Bol-dog kah-rah-chon-eet!)

39. Happy Easter!
Boldog húsvétot!
(Bol-dog hoosh-vay-tot!)

Travel Story: While exploring the historical Buda Castle in Budapest, a tour guide used the phrase "Mindenkinek megvan a maga sorsa," meaning "Everyone has their own destiny," as she described the fate of the ancient kings of Hungary.

40. Happy holidays!
Boldog ünnepeket!
(Bol-dog oon-nep-eh-ket!)

41. Happy New Year!
Boldog új évet!
(Bol-dog ooh ay-vet!)

Idiomatic Expression: "Lóra magas!" -
Meaning: "Too expensive or too much."
(Literal Translation: "High to the horse!")

Meeting Someone for the First Time

42. Pleasure to meet you.
Örülök, hogy találkoztunk.
(Uhr-uh-look, hohd-y tah-lahl-kohz-toonk.)

> **Language Learning Tip:** Use Flashcards - Create or use online flashcards for vocabulary building.

43. I am [Your Name].
Az én nevem [Az Ön neve].
(Az ayn neh-vem [Az Uhn neh-veh].)

44. Where are you from?
Honnan jött? (formal) / Honnan jössz? (informal)
(Hon-nahn yut?) / (Hon-nahn yohss?)

> **Language Learning Tip:** Listen to Hungarian Music - Music can be a fun way to learn new words and improve your listening skills.

45. I'm on vacation.
Szabadságon vagyok.
(Sah-bahd-shah-gon vah-yok.)

46. What is your profession?
Mi a foglalkozása? (formal) / Mi a foglalkozásod? (informal)
(Mee ah fog-lal-koh-zah-shah?) / (Mee ah fog-lal-koh-zah-shod?)

47. How long will you stay here?
Meddig marad itt? (formal) / Meddig maradsz itt? (informal)
(Med-dig mah-rad itt?) / (Med-dig mah-radsh itt?)

Responding to Greetings

48. Hello, how have you been?
Helló, hogy vagy?
(Hel-loh, hodj vadj?)

> **Cultural Insight:** Fishing is a popular pastime in Hungary, with the Danube and Tisza Rivers offering abundant opportunities.

49. I've been very busy lately.
Mostanában nagyon elfoglalt voltam.
(Mos-tah-nah-bahn nahj-on el-fog-lalt vol-tahm.)

50. I've had ups and downs.
Voltak fel- és lemeneteim.
(Vol-tak fel esh leh-men-eh-teim.)

> **Idiomatic Expression:** "Az idő pénz." -
> Meaning: "Time is money."
> Literal Translation: "Time is money."

51. Thanks for asking.
Köszönöm, hogy megkérdezte.
(Kuh-suh-nuhm, hohd-y meg-kair-dez-teh.)

52. I feel great.
Nagyon jól érzem magam.
(Nahj-on yohl air-zem mah-gahm.)

53. Life has been good.
Az élet jó volt.
(Az aylet yoh volt.)

54. I can't complain.
Nem panaszkodom.
(Nem pah-nah-skoh-dom.)

55. And you, how are you?
És te, hogy vagy?
(Aish te, hodj vadj?)

Language Learning Tip: Watch Hungarian Movies - Watching movies in Hungarian helps with listening skills and cultural understanding.

56. I've had some challenges.
Voltak nehézségeim.
(Vol-tahk neh-hey-say-gay-im.)

57. Life is a journey.
Az élet egy utazás.
(Az aylet edge oo-tah-zash.)

58. Thank God, I'm fine.
Hála Istennek, jól vagyok.
(Hah-lah Ish-ten-nek, yohl vah-yok.)

Informal Greetings

59. What's up?
Mi újság?
(Mee ooh-yshahg?)

60. All good?
Minden rendben?
(Min-den rend-ben?)

61. Hi, everything okay?
Szia, minden rendben?
(See-ah, min-den rend-ben?)

62. I'm good, and you?
Jól vagyok, és te?
(Yohl vah-yok, aish te?)

63. How's life?
Hogy megy az élet?
(Hodj meh-dj az aylet?)

64. Cool!
Menő!
(Meh-nuh!)

Saying Goodbye

65. Goodbye!
Viszlát!
(Vees-laat!)

66. See you later!
Viszlát később!
(Vees-laat kay-shub!)

Language Learning Tip: Focus on Pronunciation - Pay attention to the unique sounds of Hungarian, especially the vowels.

67. Bye!
Viszlát!
(Vees-laat!)

68. Have a good day.
Legyen szép napod.
(Leh-jen sayp nah-pod.)

Language Learning Tip: Speak from Day One - Don't be afraid to start speaking Hungarian, even as a beginner.

69. Have a good weekend.
Szép hétvégét.
(Sayp hayt-vay-gayt.)

70. Take care.
Vigyázz magadra.
(Vee-jahz mah-gah-drah.)

71. Bye, see you later.
Viszlát, találkozunk később.
(Vees-laat, tah-lahl-koh-zoonk kay-shub.)

72. I need to go now.
Most mennem kell.
(Mosht men-nem kell.)

73. Take care my friend!
Vigyázz magadra, barátom!
(Vee-jahz mah-gah-drah, bah-rah-tom!)

Parting Words

74. Hope to see you soon.
Remélem, hamarosan találkozunk.
(Reh-may-lem, hah-mah-raw-shahn tah-lahl-koh-zoonk.)

75. Stay in touch.
Maradjunk kapcsolatban.
(Mah-rah-djoonk kap-chol-aht-bahn.)

76. I'll miss you.
Hiányozni fogsz.
(Hee-ah-nyohz-nee fogsh.)

77. Be well.
Légy jól.
(Laydj yohl.)

"Aki mer, az nyer."
"Who dares, wins."
Success often requires taking risks.

Interactive Challenge: Greetings Quiz

1. **How do you say "good morning" in Hungarian?**

    a) Mit csinálsz?
    b) Jó reggelt!
    c) Hogy vagy?

2. **What does the Hungarian phrase "Örülök, hogy találkoztunk" mean in English?**

    a) Excuse me!
    b) Pleased to meet you!
    c) How are you?

3. **When is it appropriate to use the phrase "Jó estét!" in Hungarian?**

    a) In the morning
    b) In the afternoon
    c) In the evening

4. **Which phrase is used to ask someone how they are doing in Hungarian?**

    a) Köszönöm
    b) Hogy vagy?
    c) Hova mész?

5. **In Hungary, when can you use the greeting "Szia!"?**

    a) Only in the morning
    b) Only in the afternoon
    c) Anytime

6. **What is the Hungarian equivalent of "And you?"?**

    a) És te?
    b) Köszönöm
    c) Mit csinálsz?

7. **When expressing gratitude in Hungarian, what do you say?**

    a) Elnézést
    b) Örülök, hogy találkoztunk
    c) Köszönöm

8. **How do you say "Excuse me" in Hungarian?**

    a) Elnézést
    b) Jó délutánt!
    c) Minden rendben?

9. **Which phrase is used to inquire about someone's well-being?**

    a) Hol laksz?
    b) Hogy vagy?
    c) Köszönöm

10. **In a typical Hungarian conversation, when is it common to ask about someone's background and interests during a first-time meeting?**

    a) Never
    b) Only in formal situations
    c) Always

11. In Hungarian, what does "Örülök, hogy találkoztunk" mean?

a) Delighted to meet you
b) Excuse me
c) Thank you

12. When should you use the phrase "Hogy vagy?"?

a) When ordering food
b) When asking for directions
c) When inquiring about someone's well-being

13. Which phrase is used to make requests politely?

a) Hogy vagy?
b) Mit szeretnél?
c) Kérem

14. What is the equivalent of "I'm sorry" in Hungarian?

a) Elnézést kérek
b) Hogy vagy?
c) Minden rendben

Correct Answers:

1. b)
2. b)
3. c)
4. b)
5. c)
6. a)
7. c)
8. a)
9. b)
10. c)
11. a)
12. c)
13. c)
14. a)

EATING & DINING

- ORDERING FOOD AND DRINKS IN A RESTAURANT -
- DIETARY PREFERENCES AND RESTRICTIONS -
- COMPLIMENTS AND COMPLAINTS ABOUT FOOD -

Basic Ordering

78. I'd like a table for two, please.
Kérek egy asztalt kettő személyre, kérem.
(Kay-rek edge ash-talt ket-tuh say-may-re, kay-rem.)

79. What's the special of the day?
Mi a napi ajánlat?
(Mee ah nup-ee ah-yahn-laht?)

Cultural Insight: Hungarian folk art is rich and varied, especially in embroidery and pottery, with distinct patterns from different regions of the country.

80. Can I see the menu, please?
Megnézhetem a menüt, kérem?
(Meg-nay-zheh-tem ah meh-newt, kay-rem?)

81. I'll have the steak, medium rare.
Egy steaket kérek, közepesen átsütve.
(Edge stay-ket kay-rek, kuh-zep-eh-shen aht-shoot-veh.)

82. Can I get a glass of water?
Kaphatok egy pohár vizet, kérem?
(Kah-pah-toke edge poh-hahr vee-zet, kay-rem?)

Travel Story: At the Széchenyi Thermal Bath, a local remarked, "Az élet szép, csak nézni kell hozzá," meaning "Life is beautiful, you just have to look at it," highlighting the rejuvenating experience of the thermal waters.

83. Can you bring us some bread to start?
Hozhatna nekünk egy kis kenyeret az elején?
(Hohz-haht-nah neh-koonk edge kish ken-yeh-ret ahs eh-leh-yane?)

84. Do you have a vegetarian option?
Van vegetáriánus választék?
(Vahn veh-geh-tah-ree-ah-noosh vahl-ahs-take?)

Language Learning Tip: Use Language Learning Apps - Apps like Duolingo, Babbel, or Memrise can be helpful tools.

85. Is there a kids' menu available?
Van gyerekmenü?
(Vahn jeh-rek-meh-new?)

86. We'd like to order appetizers to share.
Szeretnénk előételeket rendelni közösen.
(Ser-et-naynk el-uh-ay-tel-ek-et ren-del-nee kuh-zuh-shen.)

87. Can we have separate checks, please?
Kérhetnénk külön számlákat, kérem?
(Kare-heh-taynk kool-uhn sahm-lah-kat, kay-rem?)

88. Could you recommend a vegetarian dish?
Tudna ajánlani egy vegetáriánus ételt?
(Tood-nah ah-yahn-lah-nee edge veh-geh-tah-ree-ah-noosh ay-telt?)

89. I'd like to try the local cuisine.
Szeretném kipróbálni a helyi konyhát.
(Ser-et-naym kee-proh-bahl-nee ah heh-yee kon-yhaht.)

90. May I have a refill on my drink, please?
Kaphatnék még egy italt, kérem?
(Kah-pah-tayk maydge edge ee-tahlt, kay-rem?)

Language Learning Tip: Sing Along to Hungarian Songs - Helps with pronunciation and memorization.

91. What's the chef's special today?
Mi a séf mai ajánlata?
(Mee ah shef my ah-yahn-lah-tah?)

92. Can you make it extra spicy?
Tudná extra csípősen elkészíteni?
(Tood-nah ekh-tra chee-puh-shen el-keh-see-tee-nee?)

93. I'll have the chef's tasting menu.
A séf kóstoló menüjét kérem.
(Ah shef kush-tuh-loh may-new-yayt kay-rem.)

Special Requests

94. I'm allergic to nuts. Is this dish nut-free?
Allergiás vagyok a diófélékre. Ez az étel diómentes?
(Ah-ler-gee-ash vah-yok ah dee-uh-feh-leh-kreh. Ehz ahz ay-tel dee-oh-men-tesh?)

95. I'm on a gluten-free diet. What can I have?
Gluténmentes diétán vagyok. Mit ehetek?
(Gloo-tain-men-tesh dee-ay-tahn vah-yok. Meet eh-heh-tek?)

96. Can you make it less spicy, please?
Készíthetné kevésbé csípősen, kérem?
(Keh-see-tayt-nay keh-vehs-bay chee-puh-shen, kay-rem?)

> **Idiomatic Expression:** "Két legyet üt egy csapásra."
> - Meaning: "Kill two birds with one stone."
> (Literal translation: "Hit two flies with one blow.")

97. Can you recommend a local specialty?
Tudna ajánlani egy helyi specialitást?
(Tood-nah ah-yahn-lah-nee edge hay-yee speh-tee-ah-lee-tahsht?)

98. Could I have my salad without onions?
Kaphatnám a salátát hagyma nélkül?
(Kah-pah-tahm ah shah-lah-taht hah-dj-mah nayl-kool?)

99. Are there any daily specials?
Vannak napi ajánlatok?
(Vah-nahk nup-ee ah-yahn-lah-toke?)

> **Fun Fact:** Hungary is landlocked, surrounded by seven countries: Austria, Slovakia, Ukraine, Romania, Serbia, Croatia, and Slovenia.

"Az élet nem mindig igazságos."
"Life is not always fair."
Life can be unpredictable and unjust.

100. Can I get a side of extra sauce?
Kaphatnék egy kis extra szószt?
(Kah-pah-tayk edge kish ekh-tra sawst?)

101. I'd like a glass of red/white wine, please.
Kérek egy pohár vörös/fehér bort, kérem.
(Kay-rek edge poh-har vuh-rush/feh-air bort, kay-rem.)

102. Could you bring the bill, please?
Hozhatná a számlát, kérem?
(Hohz-haht-nah ah sahm-laat, kay-rem?)

Allergies and Intolerances

103. I have a dairy allergy. Is the sauce dairy-free?
Tejallergiám van. A szósz tejmentes?
(Tay-yahl-ler-gee-ahm vahn. Ah saws tay-men-tesh?)

> **Fun Fact:** The Rubik's Cube was invented by Hungarian architect Ernő Rubik.

104. Does this contain any seafood? I have an allergy.
Van ebben tengeri étel? Allergiám van.
(Vahn ehb-ben ten-geh-ree ay-tel? Ahl-ler-gee-ahm vahn.)

105. I can't eat anything with soy. Is that an issue?
Nem ehetek szóját tartalmazó ételt. Ez probléma?
(Nem eh-heh-tek soh-yah-t tar-tal-mah-zoh ay-telt. Ehz proh-blay-mah?)

106. I'm lactose intolerant, so no dairy, please.
Laktózérzékeny vagyok, tehát kérem, ne legyen tejtermék.
(Lak-toh-zair-zay-ken-y vah-yok, teh-haht kay-rem, nay leh-jen tay-yehr-mayk.)

107. Is there an option for those with nut allergies?
Van lehetőség dióallergiásoknak?
(Vahn leh-huh-tuh-shayg dee-oh-ahl-ler-gee-ash-ok-nahk?)

108. I'm following a vegan diet. Is that possible?
Vegán étrendet követek. Lehetséges ez?
(Veh-gahn ay-tren-det kuh-veh-tek. Leh-het-say-gesh ehz?)

> **Cultural Insight:** Hungary has a strong musical tradition, from folk music to classical composers like Franz Liszt and Béla Bartók, who incorporated Hungarian themes into their work.

109. Is this dish suitable for someone with allergies?
Ez az étel alkalmas allergiások számára?
(Ehz ahs ay-tel al-kal-mash ah-ler-gee-ash-ok sah-mah-rah?)

110. I'm trying to avoid dairy. Any dairy-free options?
Próbálom kerülni a tejtermékeket. Van tejmentes lehetőség?
(Proh-bah-lom keh-rue-lee ah tay-yehr-may-keh-ket. Vahn tay-men-tesh leh-huh-tuh-shayg?)

111. I have a shellfish allergy. Is it safe to order seafood?
Allergiám van a puhatestűekre. Biztonságos a tengeri ételek rendelése?
(Ahl-ler-gee-ahm vahn ah poo-hah-tesh-tyue-ek-reh. Bee-zon-tah-gosh ah ten-geh-ree ay-teh-lek ren-de-lay-she?)

112. Can you make this gluten-free?
Készíthető ez gluténmentesen?
(Keh-see-teh-tuh ehz gloo-tain-men-teh-shen?)

> **Language Learning Tip:** Record Yourself Speaking - Helps in noticing and correcting pronunciation errors.

Specific Dietary Requests

113. I prefer my food without cilantro.
Jobban szeretem az ételeimet koriander nélkül.
(Yoh-bahn seh-reh-tem ahs ay-teh-lay-im-et ko-ree-an-der nayl-kool.)

114. Could I have the dressing on the side?
Kérhetném a dresszinget külön?
(Kair-heh-taym ah dres-sing-et kool-uhn?)

115. Can you make it vegan-friendly?
Elkészíthető ez veganbarát módon?
(El-keh-see-teh-tuh ehz veh-gahn-bah-raht moh-don?)

116. I'd like extra vegetables with my main course.
Több zöldséget szeretnék a főételhez.
(Turb zurl-dsay-get seh-reh-tayk ah fuh-ay-tel-hez.)

117. Is this suitable for someone on a keto diet?
Alkalmas ez ketogén diétát követők számára?
(Al-kal-mash ehz keh-toh-gain dee-ay-taht kur-vuh-tuk sah-mah-rah?)

118. I prefer my food with less oil, please.
Kérem, kevesebb olajjal készítse az ételét.
(Kay-rem, keh-veh-shebb oh-lie-yahl keh-see-tseh ahz ay-tay-layt.)

119. Is this dish suitable for vegetarians?
Ez az étel alkalmas vegetáriánusok számára?
(Ehz ahz ay-tel al-kal-mash veh-geh-tah-ree-ah-noo-shok sah-mah-rah?)

120. I'm on a low-carb diet. What would you recommend?
Alacsony szénhidráttartalmú diétán vagyok. Mit ajánlana?
(Ah-lah-chon-ee sayn-hee-draht-tar-tal-moo dee-ay-tahn vah-yok. Mit ah-yahn-lah-nah?)

Fun Fact: Hungary has one of the highest numbers of Nobel laureates per capita in the world.

121. Is the bread here gluten-free?
A kenyér itt gluténmentes?
(Ah ken-yair itt gloo-tain-men-tesh?)

122. I'm watching my sugar intake. Any sugar-free desserts?
Figyelek a cukorbevitelre. Van cukormentes desszert?
(Fee-gyeh-lek ah tsoo-kor-beh-vee-tel-reh. Vahn tsoo-kor-men-tesh dess-sairt?)

Travel Story: Overheard a conversation where someone said, "Aki mer, az nyer," meaning "Who dares, wins," encouraging a friend to try a famously strong Hungarian espresso.

Compliments

123. This meal is delicious!
Ez az étel nagyon finom!
(Ehz ahz ay-tel nah-jon fee-nom!)

> **Fun Fact:** Traditional Hungarian music is known for its rich use of folk instruments, like the cimbalom (a large dulcimer).

124. The flavors in this dish are amazing.
Az ízek ebben az ételben csodálatosak.
(Ahz eez-ek ehb-ben ahz ay-tel-ben choh-dah-lah-toh-shak.)

125. I love the presentation of the food.
Imádom az étel tálalását.
(Ee-mah-dom ahz ay-tel tah-lah-lah-shaht.)

126. This dessert is outstanding!
Ez a desszert kiváló!
(Ehz ah dess-airt kee-vah-loh!)

127. The service here is exceptional.
A kiszolgálás itt kivételes.
(Ah kee-sol-gah-lahsh itt kee-vay-teh-lesh.)

> **Language Learning Tip:** Keep a Language Diary - Write daily in Hungarian to practice writing skills.

128. The chef deserves praise for this dish.
A szakácsnak dicséret jár ezért az ételért.
(Ah sah-kahch-nahk dee-chay-ret yahr ehz-airt ahz ay-tel-ayrt.)

129. I'm impressed by the quality of the ingredients.
Lenyűgöz a hozzávalók minősége.
(Leh-new-guhz ah hoh-zah-vah-lohk meen-oh-shey-geh.)

130. The atmosphere in this restaurant is wonderful.
A hangulat ebben a vendéglőben csodálatos.
(Ah hahn-goo-laht ehb-ben ah ven-day-glurb-en choh-dah-lah-tosh.)

131. Everything we ordered was perfect.
Minden, amit rendeltünk, tökéletes volt.
(Meen-den, ah-meet ren-del-toonk, tur-kay-leh-tesh volt.)

Compaints

132. The food is cold. Can you reheat it?
Az étel hideg. Felmelegíthetné?
(Ahz ay-tel hee-deg. Fel-meh-leh-gith-et-nay?)

Fun Fact: Lake Balaton in Hungary is the largest lake in Central Europe.

133. This dish is too spicy for me.
Ez az étel túl csípős nekem.
(Ehz ahz ay-tel tool chee-puhsh neh-kem.)

134. The portion size is quite small.
Az adag mérete elég kicsi.
(Ahz ah-dahg may-reh-teh eh-layg kee-chee.)

135. There's a hair in my food.
Van egy hajszál az ételben.
(Vahn edge hie-sahl ahs ay-tel-ben.)

136. I'm not satisfied with the service.
Nem vagyok elégedett a kiszolgálással.
(Nem vah-yok eh-leh-geh-dett ah kee-sol-gah-lahsh-shal.)

137. The soup is lukewarm.
A leves langyos.
(Ah leh-vesh lahng-yosh.)

138. The sauce on this dish is too salty.
Ez az étel túl sós.
(Ehz ahs ay-tel tool shows.)

Idiomatic Expression: "Szegény, mint a templom egere."
Meaning: "Very poor."
(Literal translation: "As poor as the mouse in the church.")

139. The dessert was a bit disappointing.
A desszert kicsit csalódást okozott.
(Ah dess-airt kee-cheet chah-loh-dahsht oh-koh-zoht.)

140. I ordered this dish, but you brought me something else.
Ezt az ételt rendeltem, de mást hozott.
(Ehst ahs ay-telt ren-del-tem, deh masht hoh-zoht.)

141. The food took a long time to arrive.
Sokáig tartott, míg az étel megérkezett.
(Shoh-kayg tar-tot, meeg ahs ay-tel meh-gayr-keh-zett.)

Specific Dish Feedback

142. The steak is overcooked.
A steak túlsütött.
(Ah stayk tool-shoo-tut.)

Fun Fact: The Chain Bridge, connecting Buda and Pest, was the first permanent bridge across the Danube in Hungary.

143. This pasta is undercooked.
Ez a tészta nem elég főtt.
(Ehz ah tays-tah nem eh-layg futt.)

144. The fish tastes off. Is it fresh?
A hal íze furcsa. Friss?
(Ah hahl ee-zeh foor-chah. Frish?)

145. The salad dressing is too sweet.
A salátaöntet túl édes.
(Ah shah-lah-tah-un-tet tool ay-desh.)

146. The rice is underseasoned.
A rizs ízetlen.
(Ah reez eez-et-len.)

Language Learning Tip: Use Subtitles - Watch English movies with Hungarian subtitles or vice versa.

147. The dessert lacks flavor.
A desszert íztelen.
(Ah dess-airt eez-teh-len.)

148. The vegetables are overcooked.
A zöldségek túlfőttek.
(Ah zurld-say-gek tool-fut-tehk.)

149. The pizza crust is burnt.
A pizza alja megégett.
(Ah pee-tsah ah-lya meh-gay-get.)

Travel Story: A vendor, while selling traditional Hungarian paprika, quipped, "Nincsen rózsa tövis nélkül," meaning "There is no rose without a thorn," referring to the spice's fiery taste.

150. The burger is dry.
A hamburger száraz.
(Ah hahm-bur-gher sah-rahz.)

151. The fries are too greasy.
A sült krumpli túl zsíros.
(Ah shoolt kroom-plee tool zhee-rosh.)

152. The soup is too watery.
A leves túl híg.
(Ah leh-vesh tool heeg.)

"Aki keres, talál."
"Who seeks, finds."
Effort and persistence lead to success.

Word Search Puzzle: Eating & Dining

RESTAURANT
ÉTTEREM
MENU
MENÜ
APPETIZER
ELŐÉTEL
VEGETARIAN
VEGETÁRIÁNUS
ALLERGY
ALLERGIA
VEGAN
VEGÁN
SPECIAL
KÜLÖNLEGES
DESSERT
DESSZERT
SERVICE
KISZOLGÁLÁS
CHEF
SÉF
INGREDIENTS
HOZZÁVALÓK
ATMOSPHERE
HANGULAT
PERFECT
TÖKÉLETES

Y	R	I	M	U	S	W	D	V	E	G	Á	N	K	S
M	A	V	N	Z	S	P	E	V	E	V	E	L	Ü	Á
N	B	Y	L	G	B	H	E	C	F	T	A	F	L	L
B	E	D	G	S	R	I	T	C	P	L	G	C	Ö	Á
L	P	C	C	R	E	E	N	M	I	C	X	J	N	G
V	K	F	I	P	E	B	D	T	D	A	X	X	L	L
E	N	R	F	V	I	Y	D	I	C	R	L	M	E	O
B	S	E	D	F	R	E	J	F	E	E	C	T	G	Z
G	H	T	N	B	S	E	W	N	H	N	F	Y	E	S
C	O	S	O	S	R	U	S	Q	O	Y	T	R	S	I
A	T	R	E	Z	S	S	E	D	Z	F	T	S	E	K
L	P	R	M	E	N	Ü	J	B	Z	X	I	M	L	P
E	T	P	J	V	F	E	P	D	Á	H	D	E	O	B
K	A	W	E	T	X	U	P	Z	V	S	J	R	E	J
G	P	I	F	T	A	U	Q	M	A	J	J	E	A	W
M	C	Z	C	L	I	Q	A	J	L	C	U	T	I	M
L	X	W	B	G	G	Z	M	K	Ó	F	M	T	E	Y
A	T	V	U	U	R	X	E	Y	K	O	B	É	L	W
T	X	X	N	U	E	B	S	R	S	G	P	P	Ő	N
V	N	E	B	W	L	R	D	P	T	V	Y	Q	É	O
Y	M	A	W	R	L	U	H	S	E	H	M	W	T	A
S	G	E	R	A	A	E	L	G	H	N	Q	Q	E	U
E	V	R	B	U	R	Y	E	Y	Y	Z	H	Q	L	N
T	F	J	E	E	A	T	T	A	L	U	G	N	A	H
E	D	Z	X	L	A	T	Z	L	T	E	N	G	A	N
L	K	J	K	R	L	Y	S	D	Q	Z	E	T	H	E
É	Q	N	I	H	C	A	M	E	S	V	X	F	E	H
K	V	A	S	É	F	H	D	T	R	W	W	E	Q	O
Ö	N	Z	S	U	N	Á	I	R	Á	T	E	G	E	V
T	U	U	T	J	Q	F	E	Y	I	S	R	T	I	E

Correct Answers:

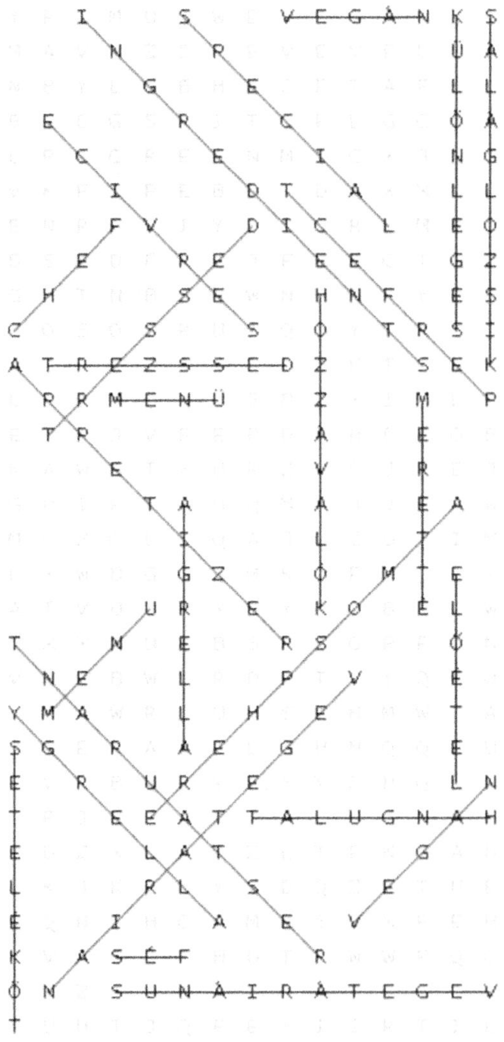

TRAVEL & TRANSPORTATION

- ASKING FOR DIRECTIONS -
- BUYING TICKETS FOR TRANSPORTATION -
- INQUIRING ABOUT TRAVEL-RELATED INFORMATION -

Directions

153. How do I get to the nearest bus stop?
Hogyan jutok el a legközelebbi buszmegállóhoz?
(Hohd-yahn yoo-toke el ah lehg-kur-zeh-leb-bee booz-meh-gah-loh-hoz?)

Fun Fact: The Hungarian Parliament Building in Budapest is the third largest parliament building in the world.

154. Can you show me the way to the train station?
Meg tudná mutatni az utat a vasútállomásra?
(Meg tood-nah moo-tah-nee ahz oo-taht ah vah-shoo-tah-loh-mash-rah?)

155. Is there a map of the city center?
Van térkép a városközpontból?
(Vahn tair-kape ah vah-rosh-kurz-pont-bohl?)

156. Which street leads to the airport?
Melyik utca vezet a repülőtérre?
(Meh-yik oot-tsah veh-zet ah reh-pool-tair-reh?)

157. Where is the nearest taxi stand?
Hol van a legközelebbi taxiállomás?
(Hohl vahn ah lehg-kur-zeh-leb-bee tahk-see-ah-loh-mash?)

Travel Story: On the Danube River Cruise, a fellow traveler mentioned, "A remény hal meg utoljára," meaning "Hope dies last," while discussing the resilience of the Hungarian people through history.

158. How can I find the hotel from here?
Hogyan találom meg a szállodát innen?
(Hohd-yahn tah-lah-lom mehg ah sahl-loh-dahth een-nen?)

Fun Fact: Goulash, a stew of meat and vegetables seasoned with paprika, is a famous Hungarian dish.

159. What's the quickest route to the museum?
Mi a leggyorsabb út a múzeumhoz?
(Mee ah lehg-djor-shahb oot ah moo-zay-oom-hoz?)

160. Is there a pedestrian path to the beach?
Van gyalogút a strandhoz?
(Vahn djah-loh-good ah strahnd-hoz?)

161. Can you point me towards the city square?
Meg tudná mutatni nekem, hogy hol van a város tér?
(Meg tood-nah moo-tah-nee neh-kem, hohd-y hohl vahn ah vah-rosh tair?)

Idiomatic Expression: "Több fronton harcol." - Meaning: "Dealing with multiple problems at once." (Literal translation: "Fighting on multiple fronts.")

162. How do I find the trailhead for the hiking trail?
Hogyan találom meg a túraút kezdetét?
(Hohd-yahn tah-lah-lom mehg ah too-rah-oot keh-zdeh-tate?)

Fun Fact: Hungary has a tradition of excellent water sports athletes, particularly in canoeing and kayaking.

Ticket Purchase

163. How much is a one-way ticket to downtown?
Mennyibe kerül egy egyirányú jegy a belvárosba?
(Men-yee-beh keh-rool edge edge-ee-rah-new yeh-dj ah bel-vah-rawsh-bah?)

164. Are there any discounts for students?
Vannak diák kedvezmények?
(Vah-nahk dee-ahk keh-dvehz-mayn-yeck?)

> **Language Learning Tip:** Watch Hungarian Children's Shows - The simple language is good for beginners.

165. What's the price of a monthly bus pass?
Mennyi a havi buszbérlet ára?
(Men-yee ah hah-vee boos-bayr-let ah-rah?)

166. Can I buy a metro ticket for a week?
Vehetek heti metrójegyet?
(Veh-heh-tek heh-tee meh-troh-yehd-yet?)

167. How do I get a refund for a canceled flight?
Hogyan kaphatok visszatérítést egy törölt járatért?
(Hohd-yahn kah-pah-toke vees-sah-tay-ree-tehst edge tur-ult yah-raht-airt?)

> **Fun Fact:** Hungary is famous for its thermal springs, and Budapest has more thermal baths than any other capital city in the world.

168. Is it cheaper to purchase tickets online or at the station?
Olcsóbb jegyet vásárolni online vagy az állomáson?
(Oal-choab yeh-dj-et vah-shah-rol-nee ohn-line vahj ahz ah-loh-mah-shon?)

169. Can I upgrade my bus ticket to first class?
Feljebb sorolhatom a buszjegyemet első osztályra?
(Fel-yehb sho-roh-lha-tom ah boos-yeh-dj-eh-met el-shuh oh-stah-ly-rah?)

170. Are there any promotions for weekend train travel?
Vannak promóciók a hétvégi vonatozásra?
(Vah-nahk pro-moh-tsyohk ah hate-vay-gee voh-nah-toh-zash-rah?)

171. Is there a night bus to the city center?
Van éjszakai busz a városközpontba?
(Vahn ay-sah-kie boos ah vah-rawsh-kurz-pont-bah?)

Idiomatic Expression: "Megszívleli a tanácsot." - Meaning: "Take advice to heart." (Literal translation: "Takes the advice into his/her heart.")

172. What's the cost of a one-day tram pass?
Mennyibe kerül egy napi villamosjegy?
(Men-yee-beh keh-rool edge nah-pee veell-ah-mosh-yeh-dj?)

Fun Fact: Hungary has one of the oldest metro systems in the world, opened in Budapest in 1896.

Travel Info

173. What's the weather forecast for tomorrow?
Milyen lesz a holnapi időjárás?
(Meel-yen lehz ah hol-nah-pee ee-doe-yah-rahsh?)

> **Fun Fact:** The Dohány Street Synagogue in Budapest is the largest synagogue in Europe.

174. Are there any guided tours of the historical sites?
Vannak vezetett túrák a történelmi helyszíneken?
(Vah-nahk veh-ze-tet too-rahk ah turfay-nel-mee hely-seen-eh-ken?)

175. Can you recommend a good local restaurant for dinner?
Tudna ajánlani egy jó helyi éttermet vacsorára?
(Tood-nah ah-yahn-lah-nee edge yoh hay-yee ay-tair-met vah-choh-rah-rah?)

176. How do I get to the famous landmarks in town?
Hogyan jutok el a város híres nevezetességeihez?
(Hohd-yahn yoo-toke el ah vah-ros hee-resh neh-veh-ze-tesh-shey-hehz?)

177. Is there a visitor center at the airport?
Van látogatóközpont a reptéren?
(Vahn lah-toh-gah-toe-kurz-pont ah rep-tare-en?)

178. What's the policy for bringing pets on the train?
Mi a szabályzat a háziállatok vonatra való vitelére?
(Mee ah sah-bah-yat ah hah-zee-ah-la-toke von-ah-trah val-oh vee-tel-ay-reh?)

179. Are there any discounts for disabled travelers?
Vannak kedvezmények a mozgáskorlátozott utazók számára?
(Vah-nahk kehd-vehz-mayn-yeck ah mohz-gash-kor-lah-toz-ot oo-tah-zohk sah-mah-rah?)

> **Idiomatic Expression:** "Öt ujját megnyalná érte." - Meaning: "It's very delicious."
> (Literal translation: "He/she would lick his/her five fingers for it.")

180. Can you provide information about local festivals?
Tudna információt adni a helyi fesztiválokról?
(Tood-nah een-for-mah-tsyoh-t ah-dnee ah hay-yee fes-tee-vahl-oh-krohl?)

181. Is there Wi-Fi available on long bus journeys?
Van Wi-Fi a hosszú buszutakon?
(Vahn wee-fee ah hosh-oo booz-oo-tah-kon?)

> **Fun Fact:** Hungary has a tradition of water polo and is known for its strong national team.

182. Where can I rent a bicycle for exploring the city?
Hol bérelhetek kerékpárt a város felfedezéséhez?
(Hohl bay-ray-heh-tek keh-ray-kpahrt ah vah-ros fel-feh-deh-zay-say-hehz?)

> **Travel Story:** In a Szeged Restaurant I heard a chef say, "Jó pap holtig tanul," meaning "A good priest learns until his death," as he perfected his recipe for Szeged goulash.

Getting Around by Public Transportation

183. Which bus should I take to reach the city center?
Melyik buszt vegyek, hogy eljussak a városközpontba?
(Meh-yik boos-t veh-gek, hohd-y el-yoo-shahk ah vah-ros-kurz-pont-bah?)

184. Can I buy a day pass for unlimited rides?
Vehetek napijegyet korlátlan utazásokra?
(Veh-heh-tek nah-pee-yeh-dyet kor-lah-tlahn oo-tah-zash-ok-rah?)

185. Is there a metro station within walking distance?
Van metróállomás gyalogos távolságon belül?
(Vahn meh-troh-ah-loh-mash djah-loh-gosh tah-vohl-shah-gon beh-yool?)

186. How do I transfer between different bus lines?
Hogyan válthatok különböző buszjáratok között?
(Hohd-yahn vahl-hah-toke kew-lurn-bur-zuh boos-jah-rah-toke kuhz-urt?)

187. Are there any discounts for senior citizens?
Vannak kedvezmények az időseknek?
(Vah-nahk kehd-vehz-mayn-yeck ahs eed-ur-shek-nek?)

188. What's the last bus/train for the night?
Mi az utolsó busz/vonat este?
(Mee ahz oo-toh-loh boos/voh-naht esh-teh?)

189. Are there any express buses to [destination]?
Vannak expressz buszok [célállomásra]?
(Vah-nahk ekhs-pres boos-zok [chayl-ahl-loh-mash-rah]?)

“A szeretet a legnagyobb ajándék.”
“Love is the greatest gift.”
Love is the most valuable thing one can give or receive.

190. Do trams run on weekends as well?
Járnak a villamosok hétvégén is?
(Yahr-nahk ah vee-lah-moh-shok hayt-vay-gayn eesh?)

Fun Fact: The first foreign fast food restaurant in Hungary was McDonald's, opened in 1988.

191. Can you recommend a reliable taxi service?
Tud ajánlani megbízható taxis szolgáltatást?
(Tood ah-yahn-lah-nee mehg-bee-zhah-toh tahk-shees sohl-gahl-tah-tahsht?)

192. What's the fare for a one-way ticket to the suburbs?
Mennyi a viteldíj egyirányú jeggyel a külvárosba?
(Men-yee ah vee-tel-deej edge-ee-rah-new yeh-dj-el ah kool-vah-rawsh-bah?)

Travel Story: At a Hungarian Vineyard, a winemaker in Tokaj used the phrase “Aki nem kockáztat, semmit sem nyer,” meaning “Who does not take risks, gains nothing,” describing the challenges of winemaking.

Navigating the Airport

193. Where can I locate the baggage claim area?
Hol található a poggyászkiadó terület?
(Hohl tah-lahl-hah-toh ah pog-gyahsh-kee-ah-doh teh-roo-let?)

194. Is there a currency exchange counter in the terminal?
Van pénzváltó a terminálban?
(Vahn paynz-vahl-toh ah ter-mee-nahl-bahn?)

> **Idiomatic Expression:** "Egy szó, mint száz." - Meaning: "To make a long story short." (Literal translation: "One word as a hundred.")

195. Are there any pet relief areas for service animals?
Vannak-e állatsimogató területek a szolgálati állatok számára?
(Vah-nahk-eh ah-lah-tee-moh-gah-toh teh-roo-leh-tek ah zohl-gah-lah-tee ah-lah-toke sah-mah-rah?)

196. How early can I go through security?
Milyen korán mehetek át a biztonsági ellenőrzésen?
(Meel-yen koh-rahn meh-heh-tek aht ah bee-zohn-tah-shee el-luh-nur-zay-shen?)

197. What's the procedure for boarding the aircraft?
Mi a felszállási eljárás a repülőgépre?
(Mee ah fel-sah-lah-shee el-yah-rahsh ah reh-poo-loh-gare-pray?)

198. Can I use mobile boarding passes?
Használhatok mobil beszállókártyát?
(Hah-sahn-lah-toke moh-beel beh-sah-loh-kahr-tyaht?)

199. Are there any restaurants past security?
Van étterem a biztonsági ellenőrzés után?
(Vahn ay-tter-ehm ah bee-zohn-tah-shee el-luh-nur-zaysh oo-tahn?)

200. What's the airport's Wi-Fi password?
Mi a repülőtér Wi-Fi jelszava?
(Mee ah reh-poo-loh-tair Vee-Fee yel-sah-vah?)

201. Can I bring duty-free items on board?
Vihelek vámmentes termékeket a fedélzetre?
(Vee-heh-lek vahm-men-tehsh tare-may-ke-ket ah feh-dayl-zet-reh?)

202. Is there a pharmacy at the airport?
Van gyógyszertár a reptéren?
(Vahn joh-gih-sare-tahr ah rep-tare-en?)

Traveling by Car

203. How do I pay tolls on the highway?
Hogyan fizethetek az autópályán a díjakat?
(Hohd-yahn fee-zeh-teh-k ah ow-toh-pah-lyahn ah dee-yah-kat?)

204. Where can I find a car wash nearby?
Hol találok közeli autómosót?
(Hohl tah-lah-loke kuh-zeh-lee ow-toh-moh-shot?)

205. Are there electric vehicle charging stations?
Van elektromos autótöltő állomás?
(Vahn eh-lek-troh-mosh ow-toh-tul-tuh ah-loh-mash?)

206. Can I rent a GPS navigation system with the car?
Kérhetek GPS navigációs rendszert a kocsihoz?
(Kair-heh-tek Jee-Pee-Ess nah-vee-gah-tsyohsh rend-sairt ah koh-chee-hoz?)

207. What's the cost of parking in the city center?
Mennyibe kerül a parkolás a városközpontban?
(Men-yee-beh keh-rool ah pahr-koh-lahsh ah vah-ros-kurz-pont-bahn?)

208. Do I need an international driving permit?
Szükségem van nemzetközi jogosítványra?
(Sewk-shey-gem vahn nem-zet-kur-zee yoh-go-she-tvahn-yrah?)

209. Is roadside assistance available?
Van útmenti segítségnyújtás?
(Vahn oot-men-tee sheh-geet-sheg-nyoo-ytahsh?)

210. Are there any traffic cameras on this route?
Vannak közlekedési kamerák ezen az útvonalon?
(Vah-nahk kurz-leh-kay-deh-shee kah-meh-rahk eh-zen ahz oot-vo-nah-lon?)

211. Can you recommend a reliable mechanic?
Tudna ajánlani egy megbízható szerelőt?
(Tood-nah ah-yahn-lah-nee edge mehg-beez-hah-toh seh-reh-lurt?)

212. What's the speed limit in residential areas?
Mi a sebességkorlátozás a lakóövezetekben?
(Mee ah sheh-bess-sayg-kor-lah-tah-toh-zahsh ah lah-kur-ur-veh-ze-tek-ben?)

Airport Transfers and Shuttles

213. Where is the taxi stand located at the airport?
Hol található a taxiállomás a reptéren?
(Hohl tah-lahl-hah-toh ah tahk-she-ah-loh-mash ah rep-tare-en?)

214. Do airport shuttles run 24/7?
Üzemelnek a reptéri shuttle-járatok 24/7?
(Ooh-zeh-mel-nek ah rep-tare-ee shuht-tleh-yah-rah-toke 24/7?)

> **Idiomatic Expression:** "Füle botján hordja." - Meaning: "Doesn't take something seriously." (Literal translation: "Carries it on the handle of his/her ear.")

215. How long does it take to reach downtown by taxi?
Mennyi idő alatt érünk a belvárosba taxival?
(Men-yee ee-dur ah-lot ayr-oonk ah bel-vah-rawsh-bah tahk-she-vahl?)

216. Is there a designated pick-up area for ride-sharing services?
Van kijelölt felszállási terület az osztozkodó szolgáltatásokhoz?
(Vahn kee-yeh-lurt fel-sah-lah-shee teh-roo-let ahz os-tozkoh-doh sohl-gahl-tah-tah-shok-hoz?)

217. Can I book a shuttle in advance?
Foglalhatok előre shuttle-t?
(Fohg-lahl-hah-toke ur-reh shuht-tleht?)

> **Fun Fact:** The Hungarian wine Tokaji was famously praised as "King of Wines, Wine of Kings."

218. Do hotels offer free shuttle service to the airport?
Kínálnak a szállodák ingyenes reptéri transzfert?
(Keen-ahl-nahk ah sahl-loh-dahk een-gyeh-nesh rep-tay-ree trahn-sz-fairt?)

219. What's the rate for a private airport transfer?
Mennyibe kerül egy privát reptéri transzfer?
(Men-yee-beh keh-rool edge pree-vah-t rep-tay-ree trahn-sz-fair?)

220. Are there any public buses connecting to the airport?
Vannak nyilvános buszok, amik a reptérre mennek?
(Vah-nahk neel-vah-nosh boos-zok ah-mik ah rep-tair-reh men-nek?)

221. Can you recommend a reliable limousine service?
Tudna ajánlani egy megbízható limuzin szolgáltatást?
(Tood-nah ah-yahn-lah-nee edge mehg-beez-hah-toh lee-moo-zeen sohl-gahl-tah-tahsht?)

222. Is there an airport shuttle for early morning flights?
Van korai reggeli járatokra reptéri transzfer?
(Vahn kor-eye reg-ge-lee yah-rah-toke-rah rep-tay-ree trahn-sz-fair?)

Traveling with Luggage

223. Can I check my bags at this train station?
Be tudom adni a csomagjaimat ezen a vasútállomáson?
(Beh too-dom ah-dnee ah cho-mah-jah-ee-maht eh-zen ah vah-shoo-tah-loh-mah-shon?)

224. Where can I find baggage carts in the airport?
Hol találhatók poggyászkocsik a reptéren?
(Hohl tah-lahl-hah-tok pog-gyahsh-koh-cheek ah rep-tay-ren?)

Fun Fact: Hungary was part of the Austro-Hungarian Empire until the end of World War I.

225. Are there weight limits for checked baggage?
Vannak súlykorlátok a feladott poggyászra?
(Vah-nahk shool-kor-lah-toke ah feh-lah-dote pog-gyahsh-rah?)

226. Can I carry my backpack as a personal item?
Vihetem a hátizsákomat személyes tárgyként?
(Vee-heh-tem ah hah-tee-zha-koh-maht sehm-ay-neesh tah-ry-kaynt?)

227. What's the procedure for oversized luggage?
Mi a eljárás a túlméretes poggyász esetén?
(Mee ah el-yah-rahsh ah tool-may-reh-tesh pog-gyahsh eh-seh-tane?)

228. Can I bring a stroller on the bus?
Vihetek babakocsit a buszra?
(Vee-heh-tek bah-bah-koh-cheet ah boos-rah?)

229. Are there lockers for storing luggage at the airport?
Vannak csomagtároló szekrények a reptéren?
(Vah-nahk cho-mahg-tah-rol-oh sehk-ray-nek ah rep-tay-ren?)

Fun Fact: The world's first official wine region declared was Tokaj, Hungary, in 1737.

230. How do I label my luggage with contact information?
Hogyan címkézhetem a poggyászomat a kapcsolatfelvételi információkkal?
(Hohd-yahn cheem-kay-heh-tehm ah pog-gyah-szoh-maht ah kahp-chol-aht-fehl-veh-tay-lee een-for-mah-tsyoh-kahl?)

231. Is there a lost and found office at the train station?
Van talált tárgyak irodája a vasútállomáson?
(Vahn tah-lahlt tahr-gyak ee-rod-ah-yah ah vah-shoo-tah-loh-mah-shon?)

> **Idiomatic Expression:** "Jó pap holtig tanul." - Meaning: "You're never too old to learn."
> (Literal translation: "A good priest learns until his death.")

232. Can I carry fragile items in my checked bags?
Vihetek törékeny tárgyakat a feladott poggyászomban?
(Vee-heh-tek tur-ay-keh-ny tah-r-gya-kat ah feh-lah-dote pog-gyah-szom-bahn?)

"Nincsen rózsa tövis nélkül."
"There is no rose without a thorn."
Beauty and difficulty often exist together.

Word Search Puzzle: Travel & Transportation

AIRPORT
REPÜLŐTÉR
BUS
BUSZ
TAXI
TAXI
TICKET
JEGY
MAP
TÉRKÉP
CAR
AUTÓ
METRO
METRÓ
BICYCLE
BICIKLI
DEPARTURE
INDULÁS
ARRIVAL
ÉRKEZÉS
ROAD
ÚT
PLATFORM
PERON
STATION
ÁLLOMÁS
TERMINAL
TERMINÁL

E	C	P	T	T	P	É	R	K	E	Z	É	S	L	Z
Y	R	S	W	A	A	A	H	L	H	U	X	A	R	X
R	X	U	V	X	L	S	M	N	Z	Z	N	W	I	R
C	O	V	T	I	H	P	A	Z	P	I	E	P	K	I
S	X	A	L	R	I	Y	O	L	M	K	R	U	G	L
Á	S	H	D	G	A	I	A	R	D	B	U	F	N	O
L	H	X	D	F	P	P	E	R	I	P	U	D	E	N
U	J	M	E	W	P	T	E	C	U	E	N	B	M	P
D	M	O	Y	G	E	J	Y	D	T	F	H	H	L	L
N	J	M	R	P	Z	C	V	I	M	W	H	A	V	V
I	S	A	E	N	L	X	C	M	S	E	T	Q	U	F
I	F	U	I	E	C	K	H	E	T	F	T	B	V	P
Q	Q	X	B	D	E	X	N	T	O	O	N	R	L	X
F	M	A	H	T	A	T	E	R	Q	Q	S	E	O	G
G	O	J	H	V	X	R	M	Ó	V	Y	M	J	X	Y
J	M	H	E	E	I	Y	T	V	T	E	V	V	H	W
F	D	C	W	U	P	S	Z	R	X	D	K	X	L	Q
L	H	F	P	A	U	T	Ó	I	O	V	K	A	C	Y
I	C	S	É	G	G	F	S	D	A	P	V	V	Z	R
P	U	Q	K	P	W	U	W	H	U	I	R	T	P	É
B	Ú	T	R	J	N	P	C	R	R	Q	H	I	J	T
K	T	R	É	I	G	K	S	R	W	U	O	V	A	Ő
G	A	N	T	O	T	Y	A	N	O	R	E	P	S	L
C	K	W	O	Z	V	A	C	O	A	S	A	J	Á	Ü
C	Z	H	A	I	W	I	X	Z	D	N	Z	R	M	P
E	L	M	M	C	T	Y	Y	I	V	U	O	O	O	E
T	R	B	Z	K	D	A	C	W	N	I	V	H	L	R
S	V	T	U	B	I	W	T	X	B	R	F	D	L	L
I	L	K	I	C	I	B	J	S	N	R	Z	G	Á	U
T	E	R	M	I	N	Á	L	F	B	U	S	Z	G	X

Correct Answers:

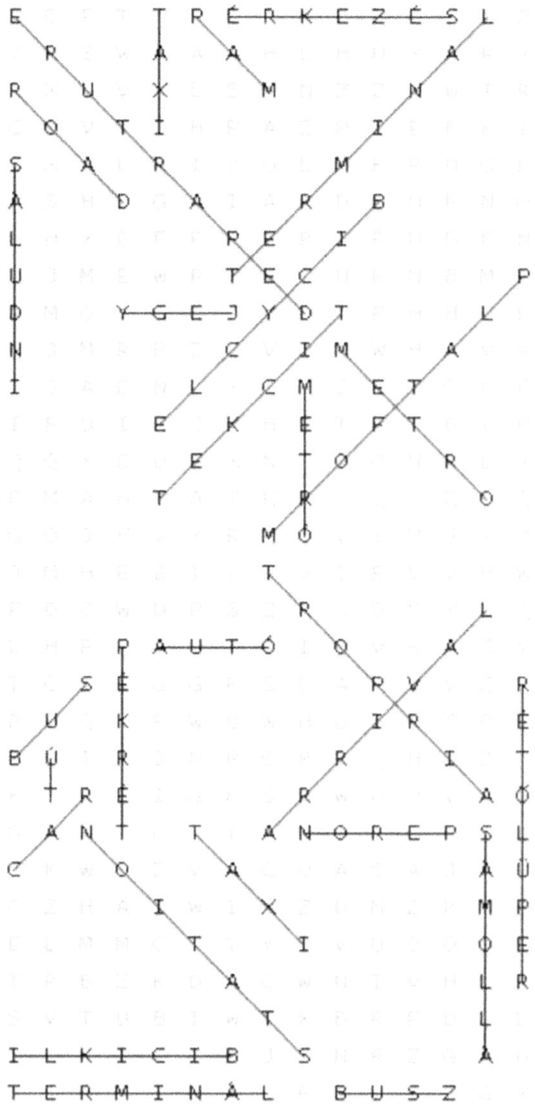

ACCOMMODATIONS

- CHECKING INTO A HOTEL -
- ASKING ABOUT ROOM AMENITIES -
- REPORTING ISSUES OR MAKING REQUESTS -

Hotel Check-In

233. I have a reservation under [Name].
Foglalásom van [Név] névre.
(Foh-glah-lah-shom vahn [Nayv] nay-vreh.)

234. Can I see some identification, please?
Láthatnék egy személyazonosítót, kérem?
(Lah-haht-nayk edge seh-may-lyah-zoh-no-shee-tote, kay-rem?)

235. What time is check-in/check-out?
Mikor van a bejelentkezés/kijelentkezés?
(Mee-kor vahn ah beh-yehl-ent-keh-zaysh/kee-yehl-ent-keh-zaysh?)

236. Is breakfast included in the room rate?
Tartalmazza a szobaár a reggelit?
(Tar-tahl-mah-zzah ah soh-bah-ahr ah reg-ge-leet?)

237. Do you need a credit card for incidentals?
Szükség van hitelkártyára a kiegészítő költségekhez?
(Seuk-sheyg vahn hee-tel-kahr-ti-ah-rah ah kee-ay-geshee-teu kur-ltseh-gek-hez?)

238. May I have a room key, please?
Kaphatnék egy szobakulcsot, kérem?
(Kah-paht-nayk edge soh-bah-kool-choh-t, kay-rem?)

239. Is there a shuttle service to the airport?
Van reptéri transzfer szolgáltatás?
(Vahn rep-tay-ree trahn-sz-fair sohl-gahl-tah-tahsh?)

240. Could you call a bellhop for assistance?
Hívna egy csomaghordót a segítségért?
(Heev-nah edge choh-mahg-hor-dote ah sheh-geet-shey-gairt?)

> **Fun Fact:** Paprika is a key spice in Hungarian cuisine and comes in various forms from sweet to hot.

Room Amenities

241. Can I request a non-smoking room?
Kérhetek egy nemdohányzó szobát?
(Kair-heh-tek edge nem-doh-hahn-yo-zoh soh-baht?)

242. Is there a mini-fridge in the room?
Van minibár a szobában?
(Vahn mee-nee-bahr ah soh-bah-bahn?)

243. Do you provide free Wi-Fi access?
Biztosítanak ingyenes Wi-Fi hozzáférést?
(Bees-toh-see-tah-nahk een-gyeh-nesh Vee-Fee hohz-zah-feh-ray-shehst?)

244. Can I have an extra pillow or blanket?
Kérhetek egy extra párnát vagy takarót?
(Kair-heh-tek edge ekh-tra pahr-naht vahj tah-kah-rute?)

245. Is there a hairdryer in the bathroom?
Van hajszárító a fürdőszobában?
(Vahn hie-sah-ree-toh ah foor-duh-soh-bah-bahn?)

246. What's the TV channel lineup?
Mi a TV-csatornák listája?
(Mee ah teh-veh-cha-tohr-nahk lees-tah-yah?)

247. Are toiletries like shampoo provided?
Biztosítanak alapfürdőszobai kellékeket, mint a sampon?
(Bees-toh-see-tah-nahk ah-lahp-foord-doh-soh-bah-ee keh-leh-keh-ke-ket, mint ah shahm-pohn?)

248. Is room service available 24/7?
Elérhető a szobaszolgálat 24 órán keresztül minden nap?
(Eh-layr-hetuh a soh-bah-zohl-gah-laht hooz-neh-vehn keh-reh-stool meen-dehn nahp?)

Fun Fact: Hungary has more than 1,500 spas, featuring Roman, Greek, Turkish, and modern styles.

Reporting Issues

249. There's a problem with the air conditioning.
Probléma van a légkondicionálóval.
(Proh-blay-mah vahn ah layg-kohn-dee-tsyoh-nah-loh-val.)

250. The shower is not working properly.
A zuhany nem működik megfelelően.
(Ah zoo-hahn-y nem myur-ker-deek mehg-feh-leh-luh-en.)

251. My room key card isn't functioning.
A szobakulcs kártyám nem működik.
(Ah soh-bah-kool-ch kahr-tyahm nem myur-ker-deek.)

252. There's a leak in the bathroom.
Szivárgás van a fürdőszobában.
(See-vah-rah-gahsh vahn ah foord-doh-soh-bah-bahn.)

253. The TV remote is not responding.
A TV távirányító nem reagál.
(Ah teh-veh tahv-eer-an-yee-toh nem reh-ah-gahl.)

254. Can you fix the broken light in my room?
Meg tudná javítani a szobámban lévő elromlott lámpát?
(Mehg tood-nah yah-vee-tah-nee ah soh-bahm-bahn lay-vuh el-rom-lot lahm-paht?)

255. I need assistance with my luggage.
Segítségre van szükségem a poggyászommal.
(Sheh-geet-sheh-greh vahn seuk-shey-gem ah pog-gyah-szohm-mahl.)

256. There's a strange noise coming from next door.
Furcsa zaj jön a szomszéd szobából.
(Foor-chah zai yuhn ah sohm-sayd soh-bah-bol.)

Making Requests

257. Can I have a wake-up call at 7 AM?
Kaphatnék ébresztő hívást reggel 7 órakor?
(Kah-paht-nayk ay-breh-stuh hee-vahsht rehg-gel heh-tuh ohr-ah-kor?)

Fun Fact: The oldest university in Hungary, the University of Pécs, was founded in 1367.

258. Please send extra towels to my room.
Kérem, küldjön plusz törölközőket a szobámba.
(Kay-rem, kewl-dyon plooz tur-ur-lur-keu-zuh-ket ah soh-bahm-bah.)

259. Could you arrange a taxi for tomorrow?
Tudna taxit rendelni holnapra?
(Tood-nah tahk-sit ren-del-nee hol-nah-prah?)

260. I'd like to extend my stay for two more nights.
Szeretném meghosszabbítani a tartózkodásomat még két éjszakára.
(Sair-eh-taym megh-hoh-szah-bee-tah-nee ah tar-tohz-koh-dah-sho-maht mayg kayt ay-sah-kah-rah.)

Idiomatic Expression: "Kis tücsök, nagy zenész." - Meaning: "Small but mighty."
(Literal translation: "Small cricket, big musician.")

261. Is it possible to change my room?
Lehetséges a szobám cseréje?
(Leh-het-say-gesh ah soh-bahm chay-ray-yeh?)

262. Can I have a late check-out at 2 PM?
Kérek késői kijelentkezést délután 2 órakor?
(Kay-rek kay-suh-ee kee-yeh-len-tkeh-zayst day-loo-tahn ket uh-rah-kor?)

263. I need an iron and ironing board.
Vasalóra és vasalódeszkára van szükségem.
(Vah-shah-loh-rah aysh vah-shah-loh-des-kah-rah vahn seuk-shey-gem.)

264. Could you provide directions to [location]?
Tudna útbaigazítást adni [helyszínre]?
(Tood-nah oot-bah-ee-gah-zee-tahsht ah-dnee [hayl-sheen-reh]?)

Room Types and Preferences

265. I'd like to book a single room, please.
Egy egyágyas szobát szeretnék foglalni.
(Edge edge-ah-jahsh soh-baht sair-et-nayk fohg-lahl-nee.)

266. Do you have any suites available?
Vannak elérhető lakosztályok?
(Vah-nahk eh-layr-hetuh lah-kohs-tahl-yohk?)

267. Is there a room with a view of the city?
Van városi kilátással rendelkező szoba?
(Vahn vah-roy-shee kee-lah-tahs-shahl ren-del-keh-zuh soh-bah?)

268. Is breakfast included in the room rate?
A reggeli benne van a szoba árában?
(Ah reg-ge-lee behn-neh vahn ah soh-bah ah-rah-bahn?)

269. Can I request a room on a higher floor?
Kérhetek egy magasabb emeleti szobát?
(Kair-heh-tek edge mah-gah-shahb eh-me-let-ee soh-baht?)

270. Is there an option for a smoking room?
Van dohányzó szoba lehetőség?
(Vahn doh-hahn-yoh soh-bah leh-het-sayg?)

Travel Story: At a folk dance festival, an elderly dancer said, "Az élet nem egyenes vonal," meaning "Life is not a straight line," reflecting on the ups and downs of life mirrored in the dance.

271. Are there connecting rooms for families?
Vannak összekötő szobák családok számára?
(Vah-nahk ur-say-ker-tuh soh-bahk chah-lah-dok sah-mah-rah?)

272. I'd prefer a king-size bed.
King-size ágyat szeretnék.
(King-size ah-gyaht sair-et-nayk.)

273. Is there a bathtub in any of the rooms?
Van fürdőkád valamelyik szobában?
(Vahn foor-doh-kahd vah-lah-may-lik soh-bah-bahn?)

Hotel Facilities and Services

274. What time does the hotel restaurant close?
Mikor zár a szálloda étterme?
(Mee-kor zahr ah sahl-loh-dah ay-tair-meh?)

275. Is there a fitness center in the hotel?
Van fitneszterem a szállodában?
(Vahn fit-nesz-teh-rem ah sahl-loh-dah-bahn?)

276. Can I access the pool as a guest?
Használhatom a medencét vendégként?
(Hah-sahn-lah-tohm ah meh-den-tsayt ven-dayg-kaynt?)

277. Do you offer laundry facilities?
Biztosítanak mosodai szolgáltatást?
(Bees-toh-see-tah-nahk moh-sho-die sohl-gahl-tah-tahsht?)

278. Is parking available on-site?
Van parkoló a szálloda területén?
(Vahn pahr-koh-loh ah sahl-loh-dah teh-roo-lay-tane?)

279. Is room cleaning provided daily?
Napi szobatakarítást biztosítanak?
(Nah-pee soh-bah-tah-kah-ree-tahsht bees-toh-see-tah-nahk?)

280. Can I use the business center?
Használhatom az üzleti központot?
(Hah-sahn-lah-tohm ahz ooz-let-ee kurz-pont-ot?)

281. Are pets allowed in the hotel?
Engedélyezett háziállatok a szállodában?
(En-geh-day-yez-et hah-zee-ah-lah-tok ah sahl-loh-dah-bahn?)

Travel Story: In a traditional Hungarian kitchen, a grandmother teaching her recipe for chicken paprikash said, "A legnagyobb hiba, ha az ember nem tanul a hibáiból," meaning "The biggest mistake is when one does not learn from their mistakes."

Payment and Check-Out

282. Can I have the bill, please?
Kaphatnám a számlát, kérem?
(Kah-paht-nahm ah sahm-laht, kay-rem?)

283. Do you accept credit cards?
Elfogadják a hitelkártyákat?
(El-foh-gahd-yahk ah hee-tel-kahr-tyah-kat?)

284. Can I pay in cash?
Fizethetek készpénzben?
(Fee-zeh-teh-kay kaysh-paynts-ben?)

285. Is there a security deposit required?
Szükséges biztonsági letét?
(Seuk-shay-gesh beez-ton-tah-ghee leh-tate?)

286. Can I get a receipt for my stay?
Kaphatok számlát a tartózkodásomról?
(Kah-pah-toke sohm-laht ah tar-tohz-koh-dah-shom-rol?)

287. What's the check-out time?
Mikor a kijelentkezés ideje?
(Mee-kor ah kee-yeh-len-tkeh-zaysh ee-deh-yeh?)

288. Is late check-out an option?
Lehetséges a késői kijelentkezés?
(Leh-het-say-gesh ah kay-suh-ee kee-yeh-len-tkeh-zaysh?)

289. Can I settle my bill in advance?
Előre rendezhetem a számlámat?
(Eh-luh-reh ren-deh-zheh-tehm ah sohm-laah-maht?)

Booking Accommodations

290. I'd like to make a reservation.
Szeretnék foglalni.
(Sair-et-nayk fohg-lahl-nee.)

291. How much is the room rate per night?
Mennyibe kerül egy éjszaka a szobáért?
(Men-yee-beh keh-rool edge ay-sah-kah ah soh-bah-airt?)

292. Can I book online or by phone?
Foglalhatok online vagy telefonon?
(Fohg-lahl-hah-toke on-line vahj teh-leh-foh-non?)

293. Are there any special promotions?
Vannak speciális promóciók?
(Vah-nahk speh-tsyah-lish proh-moh-tsyohk?)

294. Is breakfast included in the booking?
A reggeli benne van a foglalásban?
(Ah reg-ge-lee behn-neh vahn ah fohg-lah-lahsh-bahn?)

295. Can you confirm my reservation?
Meg tudja erősíteni a foglalásomat?
(Mehg tood-yah eh-rush-ee-teh-nee ah fohg-lah-lah-shoh-maht?)

296. What's the cancellation policy?
Mi a lemondási feltételek?
(Mee ah leh-mon-dah-shee fehl-tay-teh-lek?)

297. I'd like to modify my booking.
Módosítani szeretném a foglalásomat.
(Moe-doh-shee-tah-nee sair-et-naym ah fohg-lah-lah-shoh-maht.)

"A jövő a mai gondolatokban rejlik."
"The future lies in today's thoughts."
Our present thoughts and actions
shape our future.

Mini Lesson:
Basic Grammar Principles in Hungarian #1

Introduction:

Hungarian, a Finno-Ugric language spoken primarily in Hungary, is known for its complex grammar and unique vocabulary. Unlike most European languages, Hungarian is not an Indo-European language. This lesson will introduce you to the basic grammar principles of Hungarian, laying a foundation for beginners to start their journey into learning this fascinating language.

1. Nouns and Cases:

Hungarian is a highly inflected language. Nouns have 18 cases, each indicating the noun's role in the sentence (e.g., subject, direct object, possession). Unlike English, Hungarian uses suffixes for these cases:

- *A kutya (The dog)*
- *A kutya-nak (To the dog)*

2. Definite and Indefinite Conjugation:

Verbs in Hungarian are conjugated differently based on whether the object is definite or indefinite:

- *Látok egy kutyát (I see a dog - indefinite)*
- *Látom a kutyát (I see the dog - definite)*

3. Personal Pronouns:

While personal pronouns exist in Hungarian, they are often omitted because the verb conjugation makes them redundant:

- *Én vagyok (I am)*
- *Te vagy (You are)*
- *Ő van (He/She is)*

4. Verb Tenses:

Hungarian verb tenses are not as numerous as in English. The language primarily uses present, past, and future tenses:

- *Olvasok (I read/I am reading)*
- *Olvastam (I read/I was reading)*
- *Olvasni fogok (I will read)*

5. No Grammatical Gender:

Unlike many languages, Hungarian does not differentiate between masculine and feminine genders. This simplifies the learning process significantly.

6. Questions:

Questions are typically formed by intonation alone, without any changes to the word order:

- *Látod a kutyát? (Do you see the dog?)*

7. Plurals:

Plurals are formed by adding -k to the end of nouns:

- *Kutya (Dog) -> Kutyák (Dogs)*

Conclusion:

Understanding these basic aspects of Hungarian grammar will greatly enhance your ability to communicate and understand the language. Consistency and practice, especially with verb conjugations and case endings, are key to mastering Hungarian. Sok sikert! (Good luck!)

SHOPPING

- BARGAINING AND HAGGLING -
- DESCRIBING ITEMS AND SIZES -
- MAKING PURCHASES AND PAYMENTS -

Bargaining

298. Can you give me a discount?
Adhatna kedvezményt?
(Ad-haht-nah ked-vehz-mayn-yit?)

299. What's your best price?
Mi a legjobb ára?
(Mee ah le-yohb ah-rah?)

300. Is this the final price?
Ez a végleges ár?
(Ez ah vayg-leh-gesh ahr?)

301. What's the lowest you can go?
Mi a legkisebb ár, amit tud ajánlani?
(Mee ah le-gkee-shebb ahr ah-meet tood ah-yahn-lah-nee?)

302. Can you do any better on the price?
Tud jobb árat adni?
(Tood yohb ah-raht ad-nee?)

303. Are there any promotions or deals?
Vannak promóciók vagy akciók?
(Vah-nahk proh-moh-tsyohk vahj ahk-tsyohk?)

304. I'm on a budget. Can you lower the price?
Költségvetésem korlátozott. Tudja csökkenteni az árat?
(Kurl-tsayg-veh-teh-shem kor-lah-toh-zoht. Toodyah choe-kayn-teh-nee ahz ah-raht?)

305. I'd like to negotiate the price.
Szeretném megtárgyalni az árat.
(Sair-et-naym mehg-tahr-gyahln-ee ahz ah-raht.)

306. Do you offer any discounts for cash payments?
Van kedvezmény készpénzes fizetésre?
(Vahn ked-vehz-mayn kaysh-payn-zesh fee-zeh-tesh-reh?)

307. Can you match the price from your competitor?
Meg tudja egyeztetni a versenytárs árait?
(Mehg toodyah eh-gyehz-teh-tee ah vehr-sen-tarsh ah-rye-it?)

Item Descriptions

308. Can you tell me about this product?
Tudna információt adni erről a termékről?
(Tood-nah een-for-mah-tsyoh-t ad-nee eh-rurl ah tair-mayk-rurl?)

309. What are the specifications of this item?
Mik a termék specifikációi?
(Meek ah tair-mayk speh-chee-fee-kah-tsyoh-ee?)

310. Is this available in different colors?
Kapható ez többféle színben?
(Kah-pah-toh ehz turb-fay-leh seen-ben?)

311. Can you explain how this works?
El tudná magyarázni, hogyan működik?
(El tood-nah mah-dyah-rahz-nee, hohd-yahn myur-ker-dik?)

312. What's the material of this item?
Miből készült ez a termék?
(Mee-bul keh-suhlt ehz ah tair-mayk?)

313. Are there any warranties or guarantees?
Van garancia vagy jótállás a termékre?
(Vahn gah-rahn-tsyah vahj yoh-tahl-lahsh ah tair-mayk-reh?)

314. Does it come with accessories?
Tartoznak hozzá kiegészítők?
(Tar-toh-zahk hohz-zah kee-ay-geshee-teuk?)

315. Can you show me how to use this?
Meg tudná mutatni, hogyan kell használni?
(Mehg tood-nah moo-tah-tee, hohd-yahn kell hah-snah-lah-nee?)

316. Are there any size options available?
Vannak különböző méretű opciók?
(Vah-nahk kew-lurn-bur-zuh may-reh-tue op-tsyohk?)

317. Can you describe the features of this product?
Le tudná írni a termék jellemzőit?
(Leh tood-nah eern-ee ah tair-mayk yehl-lem-zuh-eet?)

Payments

318. I'd like to pay with a credit card.
Hitelkártyával szeretnék fizetni.
(Hee-tel-kahr-tyah-vahl sair-et-nayk fee-zet-nee.)

319. Do you accept debit cards?
Elfogadják a betéti kártyákat?
(El-foh-gahd-yahk ah beh-tay-tee kahr-tyah-kat?)

320. Can I pay in cash?
Fizethetek készpénzben?
(Fee-zeh-teh-kay kaysh-paynts-ben?)

Idiomatic Expression: "Ki korán kel, aranyat lel." - Meaning: "The early bird catches the worm." (Literal translation: "Who wakes up early, finds gold.")

321. What's your preferred payment method?
Mi az ön preferált fizetési módja?
(Mee ahz urn preh-feh-rahlt fee-zeh-tee mohd-yah?)

322. Is there an extra charge for using a card?
Van pótdíj a kártyahasználatért?
(Vahn pote-deey ah kahr-tyah-hahs-nah-lah-tairt?)

323. Can I split the payment into installments?
Fizethetek részletekben?
(Fee-zeh-teh-kay ray-sleh-tek-ben?)

324. Do you offer online payment options?
Van online fizetési lehetőség?
(Vahn on-line fee-zeh-tee-shee leh-het-sayg?)

325. Can I get a receipt for this purchase?
Kaphatok blokkot a vásárlásról?
(Kah-pah-toke bloh-kote ah vah-shahr-lahsh-rol?)

326. Are there any additional fees?
Vannak további díjak?
(Vah-nahk toh-vahb-ee dee-yahk?)

327. Is there a minimum purchase amount for card payments?
Van minimális vásárlási összeg kártyás fizetésnél?
(Vahn mee-nee-mah-leesh vah-shahr-lah-shee ur-szehg kahr-tyahsh fee-zeh-tesh-nayl?)

> **Travel Story:** During a foggy morning in Debrecen, a local used the phrase, "A ködös reggel is lehet szép nap," meaning "Even a foggy morning can turn into a beautiful day," symbolizing optimism.

Asking for Recommendations

328. Can you recommend something popular?
Tudna ajánlani valami népszerűt?
(Tood-nah ah-yahn-lah-nee vah-lah-mee nayp-ser-oo-t?)

329. What's your best-selling product?
Mi a legkelendőbb terméke?
(Mee ah leh-keh-len-durb tair-may-kay?)

330. Do you have any customer favorites?
Van vevők kedvence?
(Vahn veh-vurk ked-ven-tseh?)

331. Is there a brand you would suggest?
Van ajánlott márkája?
(Vahn ah-yahn-lote mahr-kah-yah?)

332. Could you point me to high-quality items?
Mutatna magas minőségű termékeket?
(Moo-tah-t-nah mah-gash meen-ush-ay-goo tair-may-keh-ke-ket?)

333. What do most people choose in this category?
Mit választanak leggyakrabban ebben a kategóriában?
(Meet vah-lahsh-tah-nahk leh-gyah-krahb-bahn eh-ben ah kah-teh-goh-ree-ah-bahn?)

334. Are there any special recommendations?
Van valami különleges ajánlás?
(Vahn vah-lah-mee kew-lurn-leh-gesh ah-yahn-lahsh?)

335. Can you tell me what's trendy right now?
Meg tudja mondani, mi a divatos most?
(Mehg toodyah mohn-dah-nee, mee ah dee-vah-tosh mohsht?)

336. What's your personal favorite here?
Mi az ön személyes kedvence itt?
(Mee ahz urn sehm-ay-leh-yesh ked-ven-tseh eet?)

337. Any suggestions for a gift?
Van ötlete ajándékra?
(Vahn urt-leh-teh ah-yahn-dake-rah?)

Language Learning Tip: Learn a New Word Daily - Make it a habit to learn and use a new Hungarian word every day.

Returns and Exchanges

338. I'd like to return this item.
Szeretném visszavinni ezt a terméket.
(Sair-et-naym vees-sah-veen-nee ezt ah tair-may-ket.)

339. Can I exchange this for a different size?
Kicserélhetem ezt másik méretre?
(Kee-cheh-ray-leh-tehm ezt mah-sheek may-reht-reh?)

340. What's your return policy?
Mi a visszaküldési szabályzatuk?
(Mee ah vees-sah-kul-day-shee sah-bah-lyah-tah-took?)

341. Is there a time limit for returns?
Van határidő a visszaküldésre?
(Vahn hah-tah-ree-dur ah vees-sah-kul-daysh-reh?)

342. Do I need a receipt for a return?
Szükséges a blokk a visszaküldéshez?
(Seuk-shay-gesh ah blohk ah vees-sah-kul-daysh-hez?)

343. Is there a restocking fee for returns?
Van újratöltési díj a visszaküldésért?
(Vahn ooh-yrah-turl-tay-shee deey ah vees-sah-kul-day-share-t?)

344. Can I get a refund or store credit?
Kaphatok visszatérítést vagy áruházi kreditet?
(Kah-pah-toke vees-sah-tay-ree-taysh-t vahj ah-roo-hah-zee kreh-dee-tet?)

345. Do you offer exchanges without receipts?
Van csere lehetőség blokk nélkül?
(Vahn cheh-reh leh-het-sayg blohk nayl-kul?)

346. What's the process for returning a defective item?
Mi a folyamat a hibás termék visszaküldéséhez?
(Mee ah foh-lya-maht ah hee-bahsh tair-mayk vees-sah-kul-day-shay-hez?)

347. Can I return an online purchase in-store?
Visszavihetem az online vásárlást az üzletben?
(Veess-ah-vee-heh-tehm ahz on-line vah-shar-lahsht ahz uhz-let-ben?)

Travel Story: On the streets of Eger, a local historian described the city's past with, "Minden változás lehetőség," meaning "Every change is an opportunity," referring to the city's evolution over centuries.

Shopping for Souvenirs

348. I'm looking for local souvenirs.
Helyi szuveníreket keresek.
(Heh-yee soo-veh-nee-rek-et keh-reh-shek.)

349. What's a popular souvenir from this place?
Mi a népszerű szuvenír ebből a helyből?
(Mee ah nayp-ser-oo soo-veh-neer ehb-burl ah hehy-burl?)

350. Do you have any handmade souvenirs?
Vannak kézzel készített szuvenírek?
(Vah-nahk kay-zel kay-see-tet soo-veh-nee-rek?)

351. Are there any traditional items here?
Van itt hagyományos tárgyak?
(Vahn eet hahd-yoh-mah-nyohsh tah-ryah-kahk?)

352. Can you suggest a unique souvenir?
Tudna ajánlani egyedi szuvenírt?
(Tood-nah ah-yahn-lah-nee eh-yeh-dee soo-veh-neert?)

353. I want something that represents this city.
Olyasmit szeretnék, ami képviseli ezt a várost.
(Oh-lyahsh-meet sair-et-nayk, ah-mee kayp-vee-she-lee ezt ah vah-rosht.)

354. Are there souvenirs for a specific landmark?
Van emléktárgy különleges nevezetességekhez?
(Vahn em-layk-tar-gy ku-lurn-leh-gesh neh-veh-ze-tesh-sayg-hez?)

355. Can you show me souvenirs with cultural significance?
Mutathat kulturális jelentőségű szuveníreket?
(Moo-tah-haht kool-too-rah-leesh yeh-len-toe-shay-goo soo-veh-neer-eh-ket?)

356. Do you offer personalized souvenirs?
Kínálnak személyre szabott szuveníreket?
(Kee-nahl-nahk seh-may-reh sah-bot soo-veh-neer-eh-ket?)

357. What's the price range for souvenirs?
Milyen árkategóriában vannak a szuvenírek?
(Meel-yen ar-kah-teh-goh-ree-ah-bahn vahn-nahk ah soo-veh-neer-ek?)

Cultural Insight: Hungary hosts numerous festivals throughout the year, including the Budapest Spring Festival and the Sziget Festival, one of Europe's largest music and cultural festivals.

Shopping Online

358. How do I place an order online?
Hogyan rendelhetek online?
(Hohd-yahn ren-deh-leh-tek on-line?)

359. What's the website for online shopping?
Mi az online vásárlás weboldala?
(Mee ahz on-line vah-shar-lahsh veh-bold-ah-lah?)

360. Do you offer free shipping?
Kínálnak ingyenes szállítást?
(Kee-nahl-nahk een-dyen-esh sahl-leet-ahsht?)

361. Are there any online discounts or promotions?
Vannak online kedvezmények vagy akciók?
(Vah-nahk on-line ked-vehz-mayn-yek vahj ahk-tsyohk?)

362. Can I track my online order?
Nyomon követhetem az online rendelésemet?
(Nyoh-mon kur-veh-teh-tem ahz on-line ren-deh-lay-sheh-met?)

363. What's the return policy for online purchases?
Mi az online vásárlások visszaküldési politikája?
(Mee ahz on-line vah-shar-lah-shok vees-sah-kul-day-shee poh-lee-tee-kah-yah?)

364. Do you accept various payment methods online?
Elfogadnak különböző online fizetési módszereket?
(El-foh-gahd-nahk ku-lurn-bur-zuh on-line fee-zeh-tee-shee mur-deh-zheh-re-ket?)

365. Is there a customer support hotline for online orders?
Van ügyfélszolgálati forródrót az online megrendelésekhez?
(Vahn uuhd-fayl-szohl-gah-lah-tee for-roh-droht ahs ohn-line meh-gren-deh-lay-shek-hez?)

Idiomatic Expression: "Nem eszik olyan forrón a kását." - Meaning: "Things aren't as extreme as they seem." (Literal translation: "One does not eat the porridge as hot.")

366. Can I change or cancel my online order?
Megváltoztathatom vagy lemondhatom az online rendelésemet?
(Mehg-vahl-toz-tah-toh-tahm vahj leh-mon-dhah-tohm ahs ohn-line ren-deh-lay-sheh-met?)

367. What's the delivery time for online purchases?
Mennyi a szállítási idő az online vásárlásoknál?
(Men-yee ah sah-llee-tah-shee ee-dur ahs ohn-line vah-shar-lah-shok-nahl?)

"A boldogság a lélek munkája."
"Happiness is the work of the soul."
True happiness comes from within, not external factors.

Cross Word Puzzle: Shopping

(Provide the English translation for the following Hungarian words)

Down

1. - BUTIK
2. - KOSÁR
3. - KISKERESKEDELEM
4. - KEDVEZMÉNY
6. - MÁRKA
7. - PÉNZTÁROS
9. - ÁR
10. - KIÁRUSÍTÁS

Across

2. - RUHÁZAT
5. - NYUGTA
7. - PULT
8. - VÁSÁRLÁS
11. - PÉNZTÁRCA
12. - VÁSÁRLÓ

Correct Answers:

EMERGENCIES

- SEEKING HELP IN CASE OF AN EMERGENCY -
- REPORTING ACCIDENTS OR HEALTH ISSUES -
- CONTACTING AUTHORITIES OR MEDICAL SERVICES -

Getting Help in Emergencies

368. Call an ambulance, please.
Kérem, hívjon mentőt.
(Kay-rem, heev-yon men-turt.)

> **Language Learning Tip:** Label Your Environment - Label objects in your home with their Hungarian names.

369. I need a doctor right away.
Azonnal orvost kell hívnom.
(Ah-zoh-nahl or-vosht kell heev-nom.)

370. Is there a hospital nearby?
Van közelben kórház?
(Vahn kur-zel-ben kur-hahz?)

371. Help! I've lost my way.
Segítség! Eltévedtem.
(Seh-gheet-sayg! El-tay-ved-tem.)

372. Can you call the police?
Tudná hívni a rendőrséget?
(Tood-nah heev-nee ah ren-dur-sheg-et?)

373. Someone, please call for help.
Valaki, kérem, hívjon segítséget.
(Vah-lah-kee, kay-rem, heev-yon seh-gheet-say-get.)

374. My friend is hurt, we need assistance.
A barátom megsérült, segítségre van szükségünk.
(Ah bah-rah-tom megh-say-rult, seh-gheet-shay-gruh vahn suuk-shay-gunk.)

375. I've been robbed; I need the authorities.
Kiraboltak; szükségem van a hatóságokra.
(Key-rah-bol-tahk; suuk-shay-gem vahn ah hah-toh-shah-gok-rah.)

376. Please, I need immediate assistance.
Kérem, azonnali segítségre van szükségem.
(Kay-rem, ah-zoh-nah-lee seh-gheet-shay-gruh vahn suuk-shay-gem.)

377. Is there a fire station nearby?
Van a közelben tűzoltóállomás?
(Vahn ah kur-zel-ben tuu-zo-loh-toh-al-loh-mahsh?)

Reporting Incidents

378. I've witnessed an accident.
Láttam egy balesetet.
(Laht-tahm ehj bah-leh-sheh-tet.)

379. There's been a car crash.
Autóbaleset történt.
(Ow-toh-bah-leh-sheht turtaynt.)

380. We need to report a fire.
Tüzet kell jelentenünk.
(Tuuh-zet kell yeh-len-tay-nunk.)

381. Someone has stolen my wallet.
Valaki ellopta a pénztárcámat.
(Vah-lah-kee el-lop-tah ah penz-tar-chah-maht.)

382. I need to report a lost passport.
Be kell jelentenem egy elveszett útlevelet.
(Beh kell yeh-len-teh-nem ehj el-veh-sett oot-leh-veh-let.)

383. There's a suspicious person here.
Van itt egy gyanús személy.
(Vahn eet ehj gyah-noosh seh-may-ny.)

384. I've found a lost child.
Találtam egy eltűnt gyermeket.
(Tah-lahl-tahm ehj el-tunt dyer-meh-ket.)

385. Can you help me report a missing person?
Segíthetne egy eltűnt személy bejelentésében?
(Seh-geet-heh-tne ehj el-tunt seh-may-ny beh-yeh-len-teh-sheh-ben?)

386. We've had a break-in at our home.
Betörés volt a házunkban.
(Beh-tur-race volt ah hah-zunk-bahn.)

387. I need to report a damaged vehicle.
Be kell jelentenem egy sérült járművet.
(Beh kell yeh-len-teh-nem ehj shay-roolt yahr-moov-et.)

Contacting Authorities

388. I'd like to speak to the police.
Beszélni szeretnék a rendőrséggel.
(Beh-say-lay-nee seh-ret-nayk ah ren-dur-sheg-gel.)

389. I need to contact the embassy.
Kapcsolatba kell lépnem a nagykövetséggel.
(Kahp-choh-laht-bah kell lay-pnem ah nahj-kur-veh-tsheg-gel.)

390. Can you connect me to the fire department?
Összeköthet a tűzoltósággal?
(Uss-seh-kur-teh ah too-zoh-loh-shahg-gahl?)

391. We need to reach animal control.
Az állatvédelmi szolgálathoz kell jutnunk.
(Ahs ahl-laht-vay-del-mee szohl-gah-laht-hohz kell yoot-nunk.)

392. How do I get in touch with the coast guard?
Hogyan léphetek kapcsolatba a parti őrséggel?
(Hohd-yahn lay-peh-tek kahp-choh-laht-bah ah pahr-tee ur-sheg-gel?)

393. I'd like to report a noise complaint.
Zajjal kapcsolatos panaszt szeretnék tenni.
(Zah-jahl kahp-choh-lah-tosh pahn-ahst seh-ret-nayk tehn-nee.)

394. I need to contact child protective services.
Kapcsolatba kell lépnem a gyermekvédelmi szolgálattal.
(Kahp-choh-laht-bah kell lay-pnem ah dyer-mek-vay-del-mee szohl-gah-laht-tahl.)

395. Is there a hotline for disaster relief?
Van vészhelyzeti segélyvonal?
(Vahn vays-hay-lye-ze-tee sheh-gayl-voh-nahl?)

Fun Fact: The historical town of Szentendre, near Budapest, is known for its art galleries and museums.

396. I want to report a hazardous situation.
Jelenteni szeretnék egy veszélyes helyzetet.
(Yeh-len-teh-nee seh-ret-nayk ehj veh-seh-lyesh hehl-yeh-zet-et.)

397. I need to reach the environmental agency.
Kapcsolatba kell lépnem a környezetvédelmi hivatallal.
(Kahp-choh-laht-bah kell lay-pnem ah keur-nyeh-zet-vay-del-mee hee-vah-tahl-lahl.)

> **Travel Story:** At a Hungarian wedding, I overheard the saying, "Aki a múltban él, elveszíti a jövőt," meaning "Who lives in the past loses the future," as advice to the newlyweds.

Medical Emergencies

398. I'm feeling very ill.
Nagyon rosszul érzem magam.
(Nah-john roh-szool air-zem mah-gahm.)

399. There's been an accident; we need a medic.
Baleset történt; orvosi segítségre van szükségünk.
(Bah-leh-set turtaynt; or-voh-shee seh-geet-shay-gruh vahn suuk-shay-gunk.)

400. Call 112; it's a medical emergency.
Hívja a 112-t; ez egy orvosi vészhelyzet.
(Heev-yah ah ehj-ket-toh-keht; ehs ehj or-voh-shee vays-hay-lyeh-zet.)

> **Fun Fact:** The Danube Bend, a picturesque region, is a popular destination for both Hungarian and international tourists.

401. We need an ambulance right away.
Azonnal mentőre van szükségünk.
(Ah-zoh-nahl men-tur-reh vahn suuk-shay-gunk.)

402. I'm having trouble breathing.
Légzési nehézségeim vannak.
(Layg-zay-shee neh-hay-zay-ghay-eem vahn-nahk.)

403. Someone has lost consciousness.
Valaki elvesztette az eszméletét.
(Vah-lah-kee el-veh-stet-teh ahz ehs-may-lay-tayt.)

404. I think it's a heart attack; call for help.
Szerintem szívroham; hívjon segítséget.
(Sair-een-tem seev-roh-hahm; heev-yon seh-geet-shay-get.)

405. There's been a severe injury.
Súlyos sérülés történt.
(Soo-yohsh shay-roo-laysh turtaynt.)

406. I need immediate medical attention.
Azonnali orvosi ellátásra van szükségem.
(Ah-zoh-nah-lee or-voh-shee el-lah-tahsh-rah vahn suuk-shay-gem.)

407. Is there a first-aid station nearby?
Van a közelben elsősegély állomás?
(Vahn ah kur-zel-ben el-shuh-sheh-gay ah-loh-mahsh?)

Idiomatic Expression: "Nem keni a lekvárt a falra." - Meaning: "Someone who doesn't waste time or resources."
(Literal translation: "He/she doesn't spread the jam on the wall.")

Fire and Safety

408. There's a fire; call 112!
Tűz van; hívják a 112-t!
(Tooze vahn; heev-yahk ah ehj-ket-toh-keht!)

409. We need to evacuate the building.
Ki kell ürítenünk az épületet.
(Key kell oo-ree-teh-nunk ahs ay-poo-let-et.)

410. Fire extinguisher, quick!
Tűzoltó készülék, gyorsan!
(Tooze-ohl-toh keh-szoo-layk, dyor-shahn!)

411. I smell gas; we need to leave.
Gázt érzek; mennünk kell.
(Gahz-t air-zek; men-nunk kell.)

Fun Fact: "Egészségedre" is how you say "cheers" in Hungarian, and it literally means "to your health."

412. Can you contact the fire department?
Fel tudná hívni a tűzoltóságot?
(Fehl tood-nah heev-nee ah tooze-ohl-toh-shah-got?)

413. There's a hazardous spill; we need help.
Veszélyes kiömlés van; segítségre van szükségünk.
(Veh-seh-lyesh kee-urm-laysh vahn; seh-geet-shay-gruh vahn suuk-shay-gunk.)

414. Is there a fire escape route?
Van tűzmenekülő útvonal?
(Vahn tooze-meh-ne-koo-lur oo-tvo-nahl?)

415. This area is not safe; we need to move.
Ez a terület nem biztonságos; mozognunk kell.
(Ehz ah teh-roo-let nehm bee-zton-shah-gosh; mo-zog-nunk kell.)

416. Alert, there's a potential explosion.
Figyelem, robbanásveszély áll fenn.
(Fee-gyeh-lem, roh-bah-nahsh-veh-seh-ly ahll fehn.)

417. I see smoke; we need assistance.
Füstöt látok; segítségre van szükségünk.
(Fews-turt lah-tok; seh-geet-shay-gruh vahn suuk-shay-gunk.)

Natural Disasters

418. It's an earthquake; take cover!
Földrengés van; keressen fedezéket!
(Ful-drehn-gesh vahn; keh-reh-ssen feh-deh-zay-ket!)

419. We're experiencing a tornado; find shelter.
Tornádó van; keressen menedéket.
(Tor-nah-doh vahn; keh-reh-ssen meh-neh-deh-ket.)

420. Flood warning; move to higher ground.
Árvíz figyelmeztetés; menjenek magasabb területre.
(Ahr-veez fee-gyel-mehz-teh-tehsh; men-yeh-nek mah-gah-shahb teh-roo-let-reh.)

421. We need to prepare for a hurricane.
Fel kell készülnünk a hurrikánra.
(Fehl kell keh-szool-nunk ah hoor-ree-kahn-rah.)

422. This is a tsunami alert; head inland.
Cunami riasztás van; menjenek a szárazföldre.
(Tsoo-nah-mee ree-ahs-tahsh vahn; men-yeh-nek ah sah-rahz-fuld-reh.)

Fun Fact: Hungary's highest point is Kékes in the Mátra mountains, standing at 1,014 meters (3,327 feet).

423. It's a wildfire; evacuate immediately.
Egy erdőtűz van; azonnal evakuáljanak.
(Edj ur-dur-tuez vahn; ah-zohn-nahl eh-vah-koo-ahl-yah-nahk.)

424. There's a volcanic eruption; take precautions.
Vulkánkitörés van; tegyenek megelőző intézkedéseket.
(Vool-kahn-kee-tur-resh vahn; teh-gheh-nek meh-ghe-luh-zuh in-tay-zkeh-deh-sheh-ket.)

425. We've had an avalanche; help needed.
Lavina történt; segítségre van szükség.
(Lah-vee-nah turtaynt; seh-geet-shay-gruh vahn suuk-shayg.)

426. Earthquake aftershock; stay indoors.
Földrengés utórezgés; maradjanak bent.
(Fuld-rehn-gesh oo-toh-rehz-gaysh; mah-rah-jah-nahk bent.)

427. Severe thunderstorm; seek shelter.
Heves zivatar; keressen menedéket.
(Heh-vehsh zee-vah-tahr; keh-reh-ssen meh-neh-deh-ket.)

Idiomatic Expression: "Minden jó, ha a vége jó." - Meaning: "All's well that ends well."
(Literal translation: "Everything is good if the end is good.")

Emergency Services Information

428. What's the emergency hotline number?
Mi a vészhelyzeti hotline száma?
(Mee ah vehsz-hell-yeh-zeh-tee hoht-leen sah-mah?)

429. Where's the nearest police station?
Hol van a legközelebbi rendőrség?
(Hol vahn ah lehg-kuh-zeh-leb-bee ren-dur-sheyg?)

430. How do I contact the fire department?
Hogyan léphetek kapcsolatba a tűzoltósággal?
(Ho-gyahn leh-peh-tek kahp-choh-laht-bah ah tooz-oh-loh-shah-gahl?)

431. Is there a hospital nearby?
Van közelben kórház?
(Vahn kuhr-zehl-ben kohr-haahz?)

432. What's the number for poison control?
Mi a mérgezési ellenőrzés telefonszáma?
(Mee ah mehr-geh-zay-shee eh-len-ur-zesh teh-leh-fon-sah-mah?)

433. Where can I find a disaster relief center?
Hol találhatok egy katasztrófa segélyközpontot?
(Hol tah-lahl-hah-tohk edj kah-tah-sztroh-fah shey-gay-kuz-pohn-toht?)

> **Fun Fact:** The Széchenyi Chain Bridge in Budapest was a marvel of engineering when it was built in the 19th century.

434. What's the local emergency radio station?
Mi a helyi vészhelyzeti rádióállomás?
(Mee ah hay-yee vehsz-hell-yeh-zeh-tee rah-dee-oh-ahl-loh-mahsh?)

435. Are there any shelters in the area?
Vannak menedékhelyek a környéken?
(Vah-nahk meh-neh-dehk-hell-yek ah kurn-yay-ken?)

436. Who do I call for road assistance?
Kit hívjak útsegélyért?
(Keet heev-yahk oot-sheh-gey-lairt?)

437. How can I reach search and rescue teams?
Hogyan érhetem el a kutató-mentő csapatokat?
(Ho-gyahn air-heh-tem ehl ah koo-tah-toh-men-tuh chah-pah-toh-kaht?)

"A legnagyobb kincs a tudás."
"The greatest treasure is knowledge."
Knowledge is invaluable and lasting.

Interactive Challenge: Emergencies Quiz

1. **How do you say "emergency" in Hungarian?**

   a) Alma
   b) Vészhelyzet
   c) Sajt
   d) Strand

2. **What's the Hungarian word for "ambulance"?**

   a) Autó
   b) Kerékpár
   c) Mentő
   d) Iskola

3. **If you need immediate medical attention, what should you say in Hungarian?**

   a) Szeretnék kenyeret.
   b) Hol van az állomás?
   c) Sürgősen orvosi segítségre van szükségem.

4. **How do you ask "Is there a hospital nearby?" in Hungarian?**

   a) Hol van a mozi?
   b) Van tollad?
   c) Van a közelben kórház?

5. **What's the Hungarian word for "police"?**

   a) Alma
   b) Rendőrség
   c) Vonat

6. **How do you say "fire" in Hungarian?**

   a) Nap
   b) Kutya
   c) Tűz
   d) Könyv

7. **If you've witnessed an accident, what phrase can you use in Hungarian?**

   a) Szeretnék csokoládét.
   b) Láttam egy balesetet.
   c) Szeretem a virágokat.
   d) Ez az én házam.

8. **What's the Hungarian word for "help"?**

   a) Viszlát
   b) Jó napot
   c) Köszönöm
   d) Segítség!

9. **How would you say "I've been robbed; I need the authorities" in Hungarian?**

   a) Ettem sajtot.
   b) Kiraboltak; szükségem van a hatóságokra.
   c) Ez egy gyönyörű hegy.

10. **How do you ask "Can you call an ambulance, please?" in Hungarian?**

   a) Hívna egy taxit, kérem?
   b) Adna nekem a sót?
   c) Hívna egy mentőt, kérem?

11. What's the Hungarian word for "emergency services"?

a) Sürgősségi szolgálatok
b) Finom torta
c) Könnyű

12. How do you say "reporting an accident" in Hungarian?

a) Egy dalt énekelni
b) Egy könyvet olvasni
c) Balesetet jelenteni

13. If you need to contact the fire department, what should you say in Hungarian?

a) Hogyan jutok a könyvtárhoz?
b) Kapcsolatba kell lépnem a tűzoltósággal.
c) Keresem a barátomat.

14. What's the Hungarian word for "urgent"?

a) Kicsi
b) Szép
c) Gyors
d) Sürgős

15. How do you ask for the nearest police station in Hungarian?

a) Hol van a legközelebbi pékség?
b) Hol van a legközelebbi rendőrőrs?
c) Van térképe?
d) Hány óra van?

Correct Answers:

1. b)
2. c)
3. c)
4. c)
5. b)
6. c)
7. b)
8. d)
9. b)
10. c)
11. a)
12. c)
13. b)
14. d)
15. b)

EVERYDAY CONVERSATIONS

- SMALL TALK AND CASUAL CONVERSATIONS -
- DISCUSSING THE WEATHER, HOBBIES, AND INTERESTS -
- MAKING PLANS WITH FRIENDS OR ACQUAINTANCES -

Small Talk

438. How's it going?
Hogy mennek a dolgok?
(Hoh-dy men-nek ah dohl-gok?)

439. Nice weather we're having, isn't it?
Szép az idő, ugye?
(Seyp ahz ee-duh, oo-gye?)

440. Have any exciting plans for the weekend?
Van valami izgalmas terved a hétvégére?
(Vahn vah-lah-mee iz-gahl-mahsh tehr-ved ah hayt-vay-geh-reh?)

441. Did you catch that new movie?
Láttad már az új filmet?
(Laht-tahd mahr ahs ooy feel-met?)

442. How's your day been so far?
Milyen volt a napod eddig?
(Meel-yen volt ah nah-podh ed-dig?)

443. What do you do for work?
Mivel foglalkozol?
(Mee-vel foh-gahl-koz-ol?)

444. Do you come here often?
Gyakran jársz ide?
(Dyah-krahn yarz ee-deh?)

445. Have you tried the food at this place before?
Kóstoltad már az ételt itt?
(Koh-stohl-tahd mahr ahs ay-telt itt?)

446. Any recommendations for things to do in town?
Van javaslatod a városban való teendőkre?
(Vahn yah-vah-shlah-tod ah vah-rosh-bahn vah-loh te-en-duh-kreh?)

447. Do you follow any sports teams?
Követel valamilyen sportcsapatot?
(Kuh-veh-tel vah-lah-me-yen shport-cha-pah-toht?)

448. Have you traveled anywhere interesting lately?
Utaztál mostanában valahol érdekes helyre?
(Oo-tahz-tahl mohs-tah-nah-bahn vah-lah-hol air-deh-kehsh hey-reh?)

449. Do you enjoy cooking?
Szeretsz főzni?
(Seh-rets fuhz-nee?)

Travel Story: In a Budapest bookshop, I found a hidden gem of a book where the shop owner remarked, "Ez aranyat ér," meaning "This is worth its weight in gold."

Casual Conversations

450. What's your favorite type of music?
Milyen a kedvenc zenéd?
(Meel-yen ah ked-vent ze-nayd?)

Fun Fact: The Great Synagogue in Dohány Street, Budapest, is the second largest in the world.

451. How do you like to spend your free time?
Hogyan töltöd a szabadidődet?
(Hoh-gyahn tuhl-tud ah sah-bah-dee-duh-det?)

452. Do you have any pets?
Van háziállatod?
(Vahn hah-zee-ah-lah-tohd?)

453. Where did you grow up?
Hol nőttél fel?
(Hol nert-ehl fel?)

454. What's your family like?
Milyen a családod?
(Meel-yen ah chah-lah-dohd?)

455. Are you a morning person or a night owl?
Reggeli vagy éjszakai típus vagy?
(Rehg-eh-lee vah-dy ay-szah-kigh tee-poosh vah-dy?)

456. Do you prefer coffee or tea?
Kávét vagy teát szeretsz jobban?
(Kah-vayt vah-dy teh-ah-t seh-rets yohb-bahn?)

457. Are you into any TV shows right now?
Követsz most valamilyen tévéműsort?
(Kuh-vet-suh moasht vah-lah-me-yen tay-vay-moor-shoart?)

> **Idiomatic Expression:** "Hosszú az út a szóhoz." - Meaning: "It takes a long time to get to the point." (Literal translation: "The road to the word is long.")

458. What's the last book you read?
Melyik volt az utolsó könyv, amit olvastál?
(Meh-yik volt ahz oo-toh-shoah kuhn-yiv ah-meet oal-vah-sh-tahl?)

459. Do you like to travel?
Szeretsz utazni?
(Seh-rets oo-tahz-nee?)

460. Are you a fan of outdoor activities?
Szereted a szabadtéri tevékenységeket?
(Seh-reh-ted ah sah-bahd-teh-ree teh-vay-ken-yesh-gay-ket?)

461. How do you unwind after a long day?
Hogyan lazítasz egy hosszú nap után?
(Hoh-gyahn lah-zee-tahsh edj hoh-shoo nap oo-tahn?)

Discussing the Weather

462. Can you believe this heat/cold?
Hihetetlen ez a hőség/hideg, ugye?
(Hee-heh-teh-tlen ehs ah hoo-shehg/hee-dehg, oo-gyeh?)

463. I heard it's going to rain all week.
Hallottam, hogy egész héten esni fog.
(Hal-loh-tahm, hoh-dy ehd-jaysh hay-ten ehs-nee fohg.)

464. What's the temperature like today?
Milyen ma a hőmérséklet?
(Meel-yen mah ah hu-mare-shek-let?)

465. Do you like sunny or cloudy days better?
Jobban szereted a napos vagy a felhős napokat?
(Yoh-bahn seh-reh-ted ah nah-posh vahj ah fehl-huhsh nah-poh-kaht?)

466. Have you ever seen a snowstorm like this?
Láttál már ilyen hóvihart?
(Laht-tahl mahr ee-lyen hoh-vee-hahrt?)

467. Is it always this humid here?
Mindig ilyen párás itt?
(Min-dig ee-lyen pah-rash itt?)

468. Did you get caught in that thunderstorm yesterday?
Te is belekerültél tegnap abba a zivatarba?
(Teh is beh-leh-keh-rult-ayl tehg-nahp ah-bah ah zee-vah-tahr-bah?)

469. What's the weather like in your hometown?
Milyen az időjárás a szülővárosodban?
(Meel-yen ahz id-oh-yah-rahsh ah suu-luh-vah-ros-od-bahn?)

470. I can't stand the wind; how about you?
Nem bírom a szelet; te hogy vagy ezzel?
(Nem bee-rom ah seh-let; teh hohdj vahj ezzel?)

471. Is it true the winters here are mild?
Igaz, hogy itt a telek enyhék?
(Ee-gahz, hohdj itt ah teh-lek ehn-yhek?)

472. Do you like beach weather?
Szereted a tengerparti időjárást?
(Seh-reh-ted ah tenger-pahr-tee id-oh-yah-rahsh-t?)

473. How do you cope with the humidity in summer?
Hogyan bírod a nyári páratartalmat?
(Hoh-gyahn bee-rod ah nyah-ree pah-rah-tahr-tahl-maht?)

Hobbies

474. What are your hobbies or interests?
Mik a hobbijaid vagy érdeklődési területeid?
(Meek ah hob-bee-yighd vahj air-deh-kluh-deh-shee teh-roo-let-ighd?)

475. Do you play any musical instruments?
Játszol valamilyen hangszeren?
(Yah-tsohl vah-lah-mee-yen hahnng-szeh-ren?)

476. Have you ever tried painting or drawing?
Próbáltál már festeni vagy rajzolni?
(Proh-bahl-tahl mahr fehs-teh-nee vahj rahj-zohl-nee?)

477. Are you a fan of sports?
Rajongsz a sportért?
(Rah-yohngz ah shpor-tehrt?)

478. Do you enjoy cooking or baking?
Szeretsz főzni vagy sütni?
(Seh-rets fuuz-nee vahj shoot-nee?)

479. Are you into photography?
Érdekel a fotózás?
(Air-deh-kehl ah foh-toh-zahsh?)

480. Have you ever tried gardening?
Próbáltál már kertészkedni?
(Proh-bahl-tahl mahr kair-tehzk-ed-nee?)

481. Do you like to read in your free time?
Szeretsz olvasni a szabadidődben?
(Seh-rets ol-vahsh-nee ah sah-bah-dee-duh-ben?)

482. Have you explored any new hobbies lately?
Felfedeztél valamilyen új hobbit mostanában?
(Fel-feh-deh-zet-ayl vah-lah-mee-yen ooj hob-bit mohs-tah-nah-bahn?)

483. Are you a collector of anything?
Gyűjtesz valamit?
(Dyoo-tess vah-lah-meet?)

484. Do you like to watch movies or TV shows?
Szeretsz filmeket vagy tévéműsorokat nézni?
(Seh-rets feel-me-keht vahj tay-vay-moo-sho-roh-kaht nayz-nee?)

485. Have you ever taken up a craft project?
Foglalkoztál már kézműves projekttel?
(Fohg-lahl-kohz-tahl mahr kayz-moo-vesh pro-yekt-tel?)

Idiomatic Expression: "Az élet nem habostorta." - Meaning: "Life is not a piece of cake." (Literal translation: "Life is not a cream cake.")

Interests

486. What topics are you passionate about?
Milyen témák iránt szenvedélyes vagy?
(Meel-yen tay-mahk ee-rahnt sen-veh-day-lesh vahj?)

487. Are you involved in any social causes?
Részt veszel valamilyen társadalmi ügyben?
(Race-t veh-sel vah-lah-mee-yen tahr-shah-dahl-mee ooj-ben?)

488. Do you enjoy learning new languages?
Szeretsz új nyelveket tanulni?
(Seh-rets ooj nye-vel-keht tah-noo-nee?)

489. Are you into fitness or wellness?
Érdekel a fitnesz vagy a wellness?
(Air-deh-kehl ah fit-nesz vahj ah vehl-ness?)

490. Are you a technology enthusiast?
Rajongsz a technológiáért?
(Rah-yohngz ah teh-knoh-loh-ghee-ehrt?)

491. What's your favorite genre of books or movies?
Mi a kedvenc műfajod a könyvek és filmek közül?
(Mee ah ked-ven-ts mooh-fah-yod ah kuh-nyvek esh feel-mek kuh-zool?)

492. Do you follow current events or politics?
Követed a jelenlegi eseményeket vagy a politikát?
(Kuh-veh-ted ah yeh-len-leh-gee esh-eh-may-neh-keht vahj ah poh-lee-tee-kahht?)

493. Are you into fashion or design?
Érdekel a divat vagy a design?
(Air-deh-kehl ah dee-vaht vahj ah dee-sine?)

494. Are you a history buff?
Érdekel a történelem?
(Air-deh-kehl ah tuhr-tay-neh-lem?)

495. Have you ever been involved in volunteer work?
Foglalkoztál már önkéntes munkával?
(Fohg-lahl-kohz-tahl mahr urn-ken-tesh moon-kah-val?)

496. Are you passionate about cooking or food culture?
Szenvedélyes vagy a főzés vagy az ételkultúra iránt?
(Sen-veh-day-lesh vahj ah fur-zaysh vahj ahs ay-tel-kool-too-rah ee-rahnt?)

497. Are you an advocate for any specific hobbies or interests?
Kiemelt hobbik vagy érdeklődési területek mellett állsz?
(Kee-eh-melt hob-bik vahj air-deh-klur-day-shee teh-roo-let-ek meh-lett ahlz?)

Idiomatic Expression: "Beleesett a lecsóba." - Meaning: "Got into a difficult situation." (Literal translation: "Fell into the ratatouille.")

Making Plans

498. Would you like to grab a coffee sometime?
Szeretnél valamikor kávét inni?
(Seh-ret-nayl vah-lah-mee-kor kah-vayt een-nee?)

499. Let's plan a dinner outing this weekend.
Tervezzünk egy vacsora programot a hétvégén.
(Tehr-veh-zoonk edj vah-choh-rah proh-grah-moht ah hayt-vay-gain.)

500. How about going to a movie on Friday night?
Mit szólnál egy filmhez péntek este?
(Meet sawl-nahl edj feelm-hez payn-tek esh-teh?)

501. Do you want to join us for a hike next weekend?
Csatlakoznál hozzánk egy túrára jövő hétvégén?
(Chah-tlah-kohz-nahl hohz-zahnk edj too-rah-rah yur-vur hayt-vay-gain?)

502. We should organize a game night soon.
Hamarosan szerveznünk kellene egy játékest.
(Hah-mah-roh-shahn sehr-vehz-noonk kell-eh-neh edj yah-tehk-est.)

503. Let's catch up over lunch next week.
Beszélgessünk jövő héten ebéd közben.
(Beh-sayl-gesh-shoonk yur-vur hay-ten eh-bayd kurz-ben.)

504. Would you be interested in a shopping trip?
Érdekelne egy bevásárló kirándulás?
(Air-deh-kehl-neh edj beh-vah-shar-loh kee-rahnd-oo-lahsh?)

505. I'm thinking of visiting the museum; care to join?
Gondolkodom, hogy ellátogatok a múzeumba; csatlakoznál?
(Gohn-dohl-koh-dom, hohj eh-lah-toh-gah-tohk ah moo-zay-oom-bah; chah-tlah-kohz-nahl?)

506. How about a picnic in the park?
Mit szólnál egy piknikhez a parkban?
(Meet sawl-nahl edj peek-neek-hez ah park-bahn?)

> **Fun Fact:** The Hungarian Grand Prix has been held annually since 1986, part of the Formula One World Championship.

507. Let's get together for a study session.
Gyűljünk össze tanulási alkalomra.
(Jewl-yoonk ur-say tah-noo-lah-shee al-kahl-om-rah.)

508. We should plan a beach day this summer.
Tervezzünk egy napot a strandon ezen a nyáron.
(Tehr-veh-zoonk edj nah-pot ah strahn-dohn eh-zen ah nyah-ron.)

509. Want to come over for a barbecue at my place?
Jössz át egy grillezésre hozzám?
(Yawss aht edj gree-leh-zesh-reh hohz-zahm?)

"Minden kezdet nehéz."
"Every beginning is hard."
Starting something new is often challenging.

Interactive Challenge: Everyday Conversations

(Link each English word with their corresponding meaning in Hungarian)

1) Conversation	Közvetlen beszélgetés
2) Greeting	Csevegés
3) Question	Párbeszéd
4) Answer	Beszélgetés
5) Salutation	Megbeszélés
6) Communication	Kérdés
7) Dialogue	Válasz
8) Small Talk	Nyelv
9) Discussion	Köszöntés
10) Speech	Véleménycsere
11) Language	Üdvözlés
12) Exchange of Opinions	Kommunikáció
13) Expression	Beszéd
14) Casual Conversation	Kifejezés
15) Sharing Ideas	Ötletek megosztása

Correct Answers:

1. Conversation - Beszélgetés
2. Greeting - Köszöntés
3. Question - Kérdés
4. Answer - Válasz
5. Salutation - Üdvözlés
6. Communication - Kommunikáció
7. Dialogue - Párbeszéd
8. Small Talk - Csevegés
9. Discussion - Megbeszélés
10. Speech - Beszéd
11. Language - Nyelv
12. Exchange of Opinions - Véleménycsere
13. Expression - Kifejezés
14. Casual Conversation - Közvetlen beszélgetés
15. Sharing Ideas - Ötletek megosztása

BUSINESS & WORK

- INTRODUCING YOURSELF IN A PROFESSIONAL SETTING -
- DISCUSSING WORK-RELATED TOPICS -
- NEGOTIATING BUSINESS DEALS OR CONTRACTS -

Professional Introductions

510. Hi, I'm [Your Name].
Szia, én [Az Ön neve] vagyok.
(See-ah, ayn [Az Ern neh-veh] vah-yok.)

511. What do you do for a living?
Mi a foglalkozása?
(Mee ah fog-lahl-koh-zah-shah?)

512. What's your role in the company?
Mi a szerepe a cégnél?
(Mee ah se-reh-peh ah tsayg-nayl?)

513. Can you tell me about your background?
Mesélhet a háttéréről?
(Meh-sayl-het ah ha-tay-ray-rol?)

514. This is my colleague, [Colleague's Name].
Ő a kollégám, [Kolléga Neve].
(Er ah kol-lay-gahm, [Kol-lay-gah Neh-veh].)

515. May I introduce myself?
Bemutatkozhatok?
(Beh-moo-taht-koh-zha-toh-k?)

516. I work in [Your Department].
[Az Ön osztályán] dolgozom.
([Az Ern os-tah-lyan] dol-goh-zom.)

517. How long have you been with the company?
Mióta dolgozik a cégnél?
(Mee-o-tah dol-goh-zik ah tsayg-nayl?)

518. Are you familiar with our team?
Ismeri a csapatunkat?
(Ee-sheh-ree ah chah-pah-toon-kaht?)

519. Let me introduce you to our manager.
Engedje meg, hogy bemutassam Önt a vezetőnknek.
(Eng-ed-jeh megh, hoh-dj beh-moo-tah-sham Ernt ah veh-zeh-tonk-nek.)

> **Travel Story:** On a hike in the Mátra Mountains, a fellow hiker mentioned, "Minden kezdet nehéz," meaning "Every beginning is hard," as the group embarked on a challenging trail.

Work Conversations

520. Can we discuss the project?
Megbeszélhetjük a projektet?
(Meg-beh-sayl-het-yook ah pro-yek-tet?)

521. Let's go over the details.
Beszéljük meg a részleteket.
(Beh-sayl-yook meg ah ray-szleh-teh-ket.)

522. What's the agenda for the meeting?
Mi a napirend a megbeszéléshez?
(Mee ah nah-pee-rend ah meg-beh-say-lay-shez?)

523. I'd like your input on this.
Szeretném hallani a véleményét erről.
(Seh-reh-taym hah-lah-nee ah vay-lay-mayn-yayt eh-rol.)

524. We need to address this issue.
Foglalkoznunk kell ezzel a problémával.
(Fog-lahl-kohz-noonk kell eh-zel ah proh-blay-mah-val.)

525. How's the project progressing?
Hogyan halad a projekt?
(Hoh-gyah hn hah-lahd ah pro-yekt?)

526. Do you have any updates for me?
Van valami frissítés nekem?
(Vahn vah-lah-mee free-shee-taysh nek-em?)

527. Let's brainstorm some ideas.
Gondoljunk ki néhány ötletet.
(Gon-dol-yoonk kee nay-hahy urt-leh-tet.)

528. Can we schedule a team meeting?
Tudunk-e csapattalálkozót szervezni?
(Tood-oonk-eh chah-paht-tah-lahl-koh-zot ser-veh-znee?)

529. I'm open to suggestions.
Nyitott vagyok a javaslatokra.
(Nee-yot-ot vah-yok ah yah-vahsh-lah-tok-rah.)

Business Negotiations

530. We need to negotiate the terms.
Meg kell egyeznünk a feltételekben.
(Meg kell eh-yez-nunk ah feltay-teh-lek-ben.)

531. What's your offer?
Mi az ajánlatod?
(Mee az ah-yahn-lah-tod?)

532. Can we find a middle ground?
Találhatunk középutat?
(Tah-lahl-hah-toonk ker-zay-poo-taht?)

Idiomatic Expression: "Tiszta lappal kezdeni." - Meaning: "To start over." (Literal translation: "To start with a clean sheet.")

533. Let's discuss the contract.
Beszéljük meg a szerződést.
(Beh-sayl-yook meg ah ser-zer-der-sht.)

534. Are you flexible on the price?
Rugalmas vagy az árban?
(Roo-gahl-mahsh vah-y az ar-bahn?)

535. I'd like to propose a deal.
Szeretnék egy ajánlatot tenni.
(Seh-ret-nayk eh-dj ah-yahn-lah-toht teh-nee.)

536. We're interested in your terms.
Érdekelnek bennünket a feltételek.
(Air-deh-kel-nek ben-nunk-et ah feltay-teh-lek.)

537. Can we talk about the agreement?
Megbeszélhetjük a megállapodást?
(Meg-beh-sayl-het-yook ah meh-gah-lah-po-dahsht?)

Fun Fact: The Hungarian dog breed, the Vizsla, is known for its excellent hunting and retrieving skills.

538. Let's work out the details.
Dolgozzuk ki a részleteket.
(Dol-goh-zhook kee ah ray-szle-teh-ket.)

539. What are your conditions?
Mik a feltételeid?
(Meek ah feltay-teh-leyd?)

540. We should reach a compromise.
Kompromisszumot kell elérnünk.
(Kom-pro-mees-zoo-moht kell eh-layr-nunk.)

Fun Fact: Hungary's national flower is the tulip, which features prominently in Hungarian folklore and art.

Workplace Etiquette

541. Remember to be punctual.
Ne felejts el pontosnak lenni.
(Neh feh-leych el pon-tohs-nahk len-nee.)

542. Always maintain a professional demeanor.
Mindig őrizd meg a professzionális magatartást.
(Min-dig ur-izd meg ah proh-fehs-see-oh-nah-leesh mah-gah-tar-tahsht.)

543. Respect your colleagues' personal space.
Tiszteld a kollégáid személyes területét.
(Teesz-teld ah kol-leh-gah-eed se-may-lesh teh-ruh-let-ayt.)

Fun Fact: The Széchenyi Thermal Bath in Budapest is one of the largest spa complexes in Europe.

544. Dress appropriately for the office.
Öltözködj megfelelően az irodába.
(Ul-toz-kud-y meg-feh-leh-urn az ee-roh-dah-bah.)

545. Follow company policies and guidelines.
Kövesd a cég szabályzatát és útmutatásait.
(Kuh-veshd ah tsayg sah-bah-lya-tah-tah eys oot-moo-tah-tah-sigh-t.)

546. Use respectful language in conversations.
Használj tiszteletteljes nyelvet a beszélgetésekben.
(Hahs-nahl-y tees-te-let-tel-yesh n-yel-vet ah beh-sehl-geh-teh-shek-ben.)

547. Keep your workspace organized.
Tartsd rendezetten a munkaterületedet.
(Tahr-tshd ren-deh-zet-ten ah moon-kah-teh-ruh-leh-deh-tet.)

548. Be mindful of office noise levels.
Figyelj az irodai zajszintre.
(Fee-gyel-y az ee-roh-digh zigh-sint-reh.)

549. Offer assistance when needed.
Ajánlj segítséget, ha szükség van rá.
(Ah-yahn-ly seh-geet-say-get, hah suuk-sayg vahn rah.)

550. Practice good hygiene at work.
Gyakorolj jó higiénét a munkahelyen.
(Dyah-koh-roll-yoh hig-ee-ay-nay-t ah moon-kah-heh-yen.)

551. Avoid office gossip and rumors.
Kerüld el az irodai pletykákat és szóbeszédeket.
(Keh-ruld el az ee-roh-digh pleh-tee-kah-kat eys soh-beh-seh-deh-ket.)

Job Interviews

552. Tell me about yourself.
Mesélj magadról.
(Meh-sayl-y mah-gah-drohl.)

553. What are your strengths and weaknesses?
Mik a erősségeid és gyengeségeid?
(Meek ah err-oh-shey-geyd esh dyen-ge-shey-geyd?)

554. Describe your relevant experience.
Írd le a releváns tapasztalataidat.
(Eerd leh ah reh-leh-vahns tah-pah-sztah-lah-tigh-dat.)

555. Why do you want to work here?
Miért szeretnél itt dolgozni?
(Mee-ayrt seh-ret-nayl itt dol-gohz-nee?)

556. Where do you see yourself in five years?
Hol látod magad öt év múlva?
(Hol la-tod mah-gahd ut ayv muul-vah?)

557. How do you handle challenges at work?
Hogyan kezeled a munkahelyi kihívásokat?
(Hoh-gyahn keh-zeh-led ah moon-kah-hay-ee kee-hee-vah-sho-kat?)

558. What interests you about this position?
Mi érdekel ebben a pozícióban?
(Mee ay-ray-deh-kel eh-ben ah poh-zee-tsee-oh-bahn?)

559. Can you provide an example of your teamwork?
Tudnál példát mutatni a csapatmunkádról?
(Tood-nahl payl-daht moo-taht-nee ah cha-paht-moon-kah-drohl?)

560. What motivates you in your career?
Mi motivál a karrieredben?
(Mee mo-tee-vahl ah kah-rree-red-ben?)

561. Do you have any questions for us?
Van kérdésed felénk?
(Vahn kayr-day-shed feh-laynk?)

562. Thank you for considering me for the role.
Köszönöm, hogy fontolóra vettél a szerepre.
(Ku-suh-nurm, hoh-gy fohn-toh-loh-rah ve-tayl ah seh-rep-reh.)

Office Communication

563. Send me an email about it.
Küldj nekem egy emailt erről.
(Kuuld-y neh-kem ayd-y e-maylt air-rol.)

564. Let's schedule a conference call.
Szervezzünk egy konferencia hívást.
(Ser-veh-zunk ayd-y kon-feh-ren-tsee-ah hee-vahsht.)

565. Could you clarify your message?
Tisztáznád a üzenetedet?
(Tees-tahz-nahd ah uuz-eh-neh-deh-tet?)

566. I'll forward the document to you.
Továbbítom neked a dokumentumot.
(Toh-vahb-bee-tom neh-ked ah doh-koo-men-too-moht.)

567. Please reply to this message.
Kérlek válaszolj erre az üzenetre.
(Kair-lek vah-lah-zohl yehr-reh ahz uuh-zeh-neh-treh.)

568. We should have a team meeting.
Meg kellene tartanunk egy csapattalálkozót.
(Mehg keh-leh-neh tar-tah-noonk ayd-y cha-paht-tah-lah-lkoh-zoht.)

> **Idiomatic Expression:** "Mindent bele!" -
> Meaning: "Give it your all!"
> (Literal translation: "Everything into it!")

569. Check your inbox for updates.
Ellenőrizd a bejövő üzeneteidet a frissítésekért.
(El-leh-nuh-reezd ah beh-yuh-vuh uuh-zeh-neh-tey-det ah free-shee-teh-seh-keirt.)

570. I'll copy you on the correspondence.
Másolatlak a levelezésben.
(Mah-shoh-laht-lahk ah leh-veh-leh-zesh-ben.)

571. I'll send you the meeting agenda.
Elküldöm neked a találkozó napirendjét.
(El-kool-duhm neh-ked ah tah-lah-lkoh-zoh nah-pee-rend-yayt.)

572. Use the internal messaging system.
Használd a belső üzenetküldő rendszert.
(Hahz-nahld ah bel-shuh uuh-zeh-net-kool-duh rehn-sehrt.)

573. Keep everyone in the loop.
Tartsd mindenkit a tájékoztatási körben.
(Tar-tsd meen-den-keet ah tah-yay-kohz-tah-tah-shee kurb-en.)

"Az élet rövid, a művészet örök."
"Life is short, art is eternal."
The transient nature of life contrasted with the lasting impact of art.

Cross Word Puzzle: Business & Work

(Provide the Hungarian translation for the following English words)

Across

2. - PROJECT
4. - TEAM
7. - PRODUCT
9. - WORK
10. - SERVICE
11. - CONTRACT
13. - BUSINESS
14. - CLIENT

Down

1. - BOSS
2. - PROFESSIONAL
3. - INCOME
5. - EMPLOYEE
6. - OFFICE
8. - MARKETING
12. - SALARY

Correct Answers:

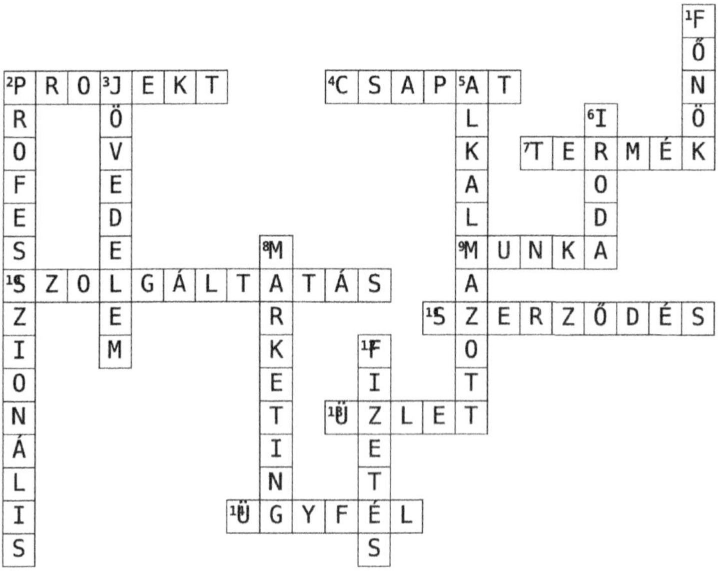

EVENTS & ENTERTAINMENT

- BUYING TICKETS FOR CONCERTS, MOVIES OR EVENTS -
- DISCUSSING ENTERTAINMENT & LEISURE ACTIVITIES -
- EXPRESSING JOY OR DISAPPOINTMENT WITH AN EVENT -

Ticket Purchases

574. I'd like to buy two tickets for the concert.
Két jegyet szeretnék venni a koncertre.
(Kay-t yeh-gyet seh-reht-nayk vehn-nee ah kohn-chert-reh.)

575. Can I get tickets for the movie tonight?
Kaphatok jegyeket a mai esti filmre?
(Kah-pah-tohk yeh-gyeh-ket ah my esh-tee feelm-reh?)

576. We need to book tickets for the upcoming event.
Jegyeket kell foglalnunk a közelgő eseményre.
(Yeh-gyeh-ket kell fohg-lahl-nunk ah keuh-zel-guh esh-eh-mayn-reh.)

577. What's the price of admission?
Mennyibe kerül a belépő?
(Mehn-nyee-beh keh-ruehl ah beh-lay-puh?)

578. Do you offer any discounts for students?
Vannak diák kedvezmények?
(Vahn-nahk dee-ahk ked-vehz-mayn-yeck?)

579. Are there any available seats for the matinee?
Vannak szabad helyek a délutáni előadásra?
(Vahn-nahk sah-bahd hey-leck ah day-loo-tah-nee eh-luh-ahd-ahsh-rah?)

580. How can I purchase tickets online?
Hogyan vásárolhatok jegyeket online?
(Hohg-yahn vah-sah-rol-hah-tohk yeh-gyeh-ket on-line?)

581. Is there a box office nearby?
Van a közelben jegypénztár?
(Vahn ah keuh-zel-ben yeh-gy-payn-tahr?)

582. Are tickets refundable if I can't attend?
Visszatéríthetők a jegyek, ha nem tudok elmenni?
(Vee-sah-tay-ree-teh-tuhk ah yeh-gyek, hah nem too-dok el-men-nee?)

583. Can I choose my seats for the show?
Kiválaszthatom a helyeimet az előadásra?
(Kee-vah-lahsh-thah-tom ah heh-yei-meet ahz eh-luh-ahd-ahsh-rah?)

584. Can I reserve tickets for the theater?
Foglalhatok jegyeket a színházra?
(Fohg-lahl-hah-tohk yeh-gyeh-ket ah see-nhahz-rah?)

585. How early should I buy event tickets?
Milyen korán kell megvennem az eseményre a jegyeket?
(Mee-lyen koh-ran kell meh-vehn-nem ahz esh-eh-mayn-reh ah yeh-gyeh-ket?)

586. Are there any VIP packages available?
Vannak elérhető VIP csomagok?
(Vahn-nahk el-ayr-hetuh Vee-ee-peh choh-mah-gok?)

587. What's the seating arrangement like?
Milyen a székek elrendezése?
(Mee-lyen ah say-kayk el-ren-deh-zay-sheh?)

Idiomatic Expression: "Kakukktojás." - Meaning: "Something that doesn't belong." (Literal translation: "Cuckoo's egg.")

588. Is there a family discount for the movie?
Van családi kedvezmény a filmre?
(Vahn chah-lah-dee kehd-vehz-mayne ah feelm-reh?)

589. I'd like to purchase tickets for my friends.
Jegyeket szeretnék venni a barátaimnak.
(Yeh-gyeh-keht seh-reht-nayk vehn-nee ah bah-rah-tie-mnahk.)

Fun Fact: Hungary has a long history of wine production, dating back to Roman times.

590. Do they accept credit cards for tickets?
Elfogadják a hitelkártyákat a jegyekre?
(El-foh-gah-jahk ah hee-tel-kahr-tyah-kat ah yeh-gyeh-keh-reh?)

591. Are there any age restrictions for entry?
Vannak korhatárok a belépésre?
(Vahn-nahk kor-hah-tah-rok ah beh-lay-pesh-reh?)

592. Can I exchange my ticket for a different date?
Kicserélhetem a jegyemet egy másik dátumra?
(Kee-cheh-ray-leh-tehm ah yeh-gyeh-met ehj mah-sheek dah-toom-rah?)

Leisure Activities

593. What do you feel like doing this weekend?
Mit szeretnél csinálni ezen a hétvégén?
(Meet seh-reht-nail chee-nahl-nee eh-zen ah hayt-vay-gayn?)

594. Let's discuss our entertainment options.
Beszéljük meg a szórakozási lehetőségeinket.
(Beh-say-loo-yook mehg ah soh-rah-koh-zah-shee leh-het-uhs-ay-gayn-ket.)

> **Fun Fact:** The Halászbástya (Fisherman's Bastion) in Budapest is named after the fishermen who defended the city walls in the Middle Ages.

595. I'm planning a leisurely hike on Saturday.
Laza túrázást tervezek szombaton.
(Lah-zah too-rah-zahsht tehr-veh-zek sohm-boh-ton.)

596. Do you enjoy outdoor activities like hiking?
Szeretsz kültéri tevékenységeket, mint a túrázás?
(Seh-rets küll-tay-ree teh-vay-keh-nyeh-say-geh-ket, meent ah too-rah-zahsh?)

597. Have you ever tried indoor rock climbing?
Próbáltál már beltéri sziklamászást?
(Proh-bahl-tahl mahr behl-tay-ree seek-lah-mah-zahsht?)

598. I'd like to explore some new hobbies.
Szeretnék új hobbikat felfedezni.
(Seh-reht-nayk ooy hoh-bee-kat fehl-feh-dehz-nee.)

599. What are your favorite pastimes?
Mik a kedvenc időtöltéseid?
(Meek ah kehd-vehnts eed-uh-tult-say-eed?)

> **Cultural Insight:** Easter traditions include "sprinkling" (locsolás), where men sprinkle water or perfume on women and ask for a kiss or a treat in return.

600. Are there any interesting events in town?
Van valami érdekes program a városban?
(Vahn vah-lah-mee ehr-deh-kesh proh-gram ah vah-rosh-bahn?)

601. Let's check out the local art exhibition.
Nézzük meg a helyi művészeti kiállítást.
(Nay-zük mehg ah heh-yee mű-vay-sze-tee kee-ahl-lee-tahsht.)

602. How about attending a cooking class?
Mit szólnál egy főzőtanfolyamhoz?
(Meet sohl-nahl ehj fuh-zuh-tahn-foh-lyahm-hohz?)

603. Let's explore some new recreational activities.
Fedezzünk fel néhány új szabadidős tevékenységet.
(Fe-deh-zünk fel nay-hahy ooy shah-bah-dee-uhsh teh-vay-keh-nyeh-say-get.)

604. What's your go-to leisure pursuit?
Mi a kedvenc szabadidős tevékenységed?
(Mee ah kehd-vehnts shah-bah-dee-uhsh teh-vay-keh-nyeh-say-ghed?)

605. I'm considering trying a new hobby.
Fontolgatom, hogy kipróbáljak egy új hobbit.
(Fon-tol-gah-tom, hoh-gy kee-proh-bahl-jahk ehj ooy hob-bit.)

606. Have you ever attended a painting workshop?
Jártál már festőműhelyben?
(Yah-rtahl mahr fesh-tuh-mew-hel-yben?)

Fun Fact: The Fisherman's Bastion in Budapest offers one of the best panoramic views of the city.

607. What's your favorite way to unwind?
Mi a kedvenc módod a kikapcsolódásra?
(Mee ah kehd-vehnts moh-dod ah kee-kahpch-oh-loh-dahsh-rah?)

608. I'm interested in joining a local club.
Érdekel, hogy csatlakozzak egy helyi klubhoz.
(Ehr-deh-kel, hoh-gy cha-tahl-koh-zahk ehj heh-yee kloob-hohz.)

609. Let's plan a day filled with leisure.
Tervezzünk egy kikapcsolódással teli napot.
(Ter-veh-zünk ehj kee-kahpch-oh-loh-dahs-shal teh-lee nah-pot.)

610. Have you ever been to a live comedy show?
Jártál már élő komédia előadáson?
(Yah-rtahl mahr ay-luh koh-may-dee-ah eh-luh-ahdah-shon?)

611. I'd like to attend a cooking demonstration.
Szeretnék részt venni egy főzési bemutatón.
(Seh-reht-nayk rays-t vehn-nee ehj fuh-zay-shee beh-moo-tah-tohn.)

Fun Fact: Hungary has a tradition of folk art, including pottery, wood carving, and egg decorating.

Event Reactions

612. That concert was amazing! I loved it!
A koncert fantasztikus volt! Nagyon tetszett!
(Ah kon-chert fahn-tah-sztih-koosh volt! Nah-john tet-sett!)

613. I had such a great time at the movie.
Nagyon jól éreztem magam a filmben.
(Nah-john yohl eh-reht-tem mah-gahm ah feelm-ben.)

614. The event exceeded my expectations.
Az esemény felülmúlta az elvárásaimat.
(Oz esh-eh-nay fel-ool-mool-tah oz el-vah-rah-shah-e-mat.)

615. I was thrilled by the performance.
Nagyon lenyűgözött az előadás.
(Nah-john len-yoo-guh-zut oz e-luh-ah-dash.)

616. It was an unforgettable experience.
Felejthetetlen élmény volt.
(Fe-lehj-teh-teh-tlen ehl-may-ny volt.)

617. I can't stop thinking about that show.
Nem tudok abbahagyni gondolni arra az előadásra.
(Nehm too-dok ab-bah-hahj-nee gon-dol-nee ar-rah oz e-luh-ah-dash-rah.)

618. Unfortunately, the event was a letdown.
Sajnos az esemény csalódást okozott.
(Sigh-nosh oz esh-eh-nay chah-loh-dash-t oh-koz-ott.)

619. I was disappointed with the movie.
Csalódott voltam a filmmel.
(Chah-loh-dott vol-tahm ah feelm-mel.)

620. The concert didn't meet my expectations.
A koncert nem felelt meg az elvárásaimnak.
(Ah kon-chert nehm feh-lelt mehg oz el-vah-rah-shah-eem-nahk.)

621. I expected more from the exhibition.
Többet vártam a kiállítástól.
(Tuhb-bet vah-rtahm ah kee-ahl-lee-tahsh-tohl.)

622. The event left me speechless; it was superb!
Az esemény szó nélkül hagyott; fantasztikus volt!
(Oz esh-eh-nay saw nayl-kool hah-gyott; fahn-tah-sztih-koosh volt!)

623. I was absolutely thrilled with the performance.
Teljesen lenyűgözött a produkció.
(Tel-yeh-sehn len-yoo-guh-zut ah pro-dook-see-oh.)

624. The movie was a pleasant surprise.
A film kellemes meglepetés volt.
(Ah feelm keh-leh-mesh meh-gleh-peh-taysh volt.)

625. I had such a blast at the exhibition.
Nagyon jól szórakoztam a kiállításon.
(Nah-john yohl saw-rah-koh-ztahm ah kee-ahl-lee-tah-shon.)

626. The concert was nothing short of fantastic.
A koncert egyszerűen fantasztikus volt.
(Ah kon-chert ehj-say-roo-en fahn-tah-sztih-koosh volt.)

627. I'm still on cloud nine after the event.
Még mindig a hetedik mennyországban vagyok az esemény után.
(Mayg min-deeg ah heh-teh-deek mehn-yor-shahg-bahn vah-jok oz esh-eh-nay oo-tahn.)

628. I was quite underwhelmed by the show.
A műsor eléggé csalódást keltett bennem.
(Ah mooshor eh-leh-ggeh chah-loh-dash-t kel-tett ben-nem.)

629. I expected more from the movie.
Többet vártam a filmtől.
(Tuhb-bet vah-rtahm ah feelm-tuhl.)

630. Unfortunately, the exhibition didn't impress me.
Sajnos a kiállítás nem volt lenyűgöző számomra.
(Sigh-nosh ah kee-ahl-lee-tash nem volt len-yoo-guh-zuh shah-mohm-rah.)

> "Jobb későn, mint soha."
> **"Better late than never."**
> *It's better to do something late than not do it at all.*

Mini Lesson:
Basic Grammar Principles in Hungarian #2

Introduction:

Welcome to the second installment of our series on Hungarian grammar. As you delve deeper into this Finno-Ugric language, understanding its complex grammar will greatly enhance your ability to communicate effectively. This lesson builds upon our previous discussion, introducing more nuanced aspects of Hungarian grammar.

1. Sentence Structure:

Hungarian is known for its flexible word order, which is often determined by what the speaker wants to emphasize. While the typical word order is Subject-Verb-Object (SVO), variations are common:

- *Péter (S) eszik (V) almát (O). (Peter eats an apple.)*
- *Almát (O) eszik (V) Péter (S). (It's an apple that Peter is eating.)*

2. Postpositions:

Unlike English prepositions, Hungarian uses postpositions which come after the noun they modify. They are crucial for indicating direction, location, and many other relationships:

- *Az asztal* ***mellett****. (Next to the table.)*
- *A ház* ***előtt****. (In front of the house.)*

3. The Definite Article:

Hungarian uses definite articles ("a" and "az") much like "the" in English. However, the choice between "a" and "az" depends on the initial sound of the following word:

- *A kutya (The dog)*
- *Az alma (The apple)*

4. Conjugation by Definiteness:

Verbs in Hungarian are conjugated not only by person and number but also by the definiteness of the object:

- *Látok* egy *madarat. (I see a bird - indefinite.)*
- *Látom* a *madarat. (I see the bird - definite.)*

5. Compound Words:

Hungarian frequently creates new words by compounding, often resulting in long, complex words:

- *Villamosmegálló (Tram stop)*

6. Causative Form:

Hungarian has a unique way of creating causative verbs, which indicate causing someone else to do something:

- *Olvas (Read) -> Olvastat (Make someone read)*

7. Reflexive Construction:

Reflexive constructions in Hungarian use "-ik" verbs and reflexive pronouns to indicate actions performed on oneself:

- *Mosakszik (He/She is washing oneself.)*

Conclusion:

Mastering these aspects of Hungarian grammar will deepen your understanding of the language's structure and improve your communication skills. Regular practice and immersion in Hungarian-speaking environments are key to your progress. Sok sikert! (Good luck!)

HEALTHCARE & MEDICAL NEEDS

- EXPLAINING SYMPTOMS TO A DOCTOR -
- REQUESTING MEDICAL ASSISTANCE -
- DISCUSSING MEDICATIONS AND TREATMENT -

Explaining Symptoms

631. I have a persistent headache.
Állandó fejfájásom van.
(Ah-lahn-doh fay-fah-yah-shom vahn.)

632. My throat has been sore for a week.
Egy hete fáj a torkom.
(Edj heh-teh fah-yah ah tor-kom.)

633. I've been experiencing stomach pain and nausea.
Gyomorfájásom és hányingerem van.
(Dyo-mor-fah-yah-shom es hahn-yin-ge-rem vahn.)

634. I have a high fever and chills.
Magas lázam és hidegrázásom van.
(Mah-gahsh lah-zahm es heed-eh-grah-zah-shom vahn.)

635. My back has been hurting for a few days.
Néhány napja fáj a hátam.
(Nay-hahn-yap-yah fah-yah ah haht-am.)

636. I'm coughing up yellow mucus.
Sárga váladékot köhögök fel.
(Shar-gah vah-lah-day-kot kuh-huh-guhk fel.)

637. I have a rash on my arm.
Kiütésem van a karomon.
(Kee-oo-tey-shem vahn ah kah-ro-mon.)

Fun Fact: The Hungarian language distinguishes between formal and informal forms of address.

638. I've been having trouble breathing.
Légzési problémáim vannak.
(Lay-geh-zay-shee proh-blay-mah-eem vahn-nahk.)

639. I feel dizzy and lightheaded.
Szédülök és fejem könnyű.
(Say-doo-luhk es feh-yem kuhn-nyoo.)

640. My joints are swollen and painful.
Ízületeim duzzadtak és fájdalmasak.
(Ee-zoo-lay-tay-eem doo-zah-dah-tahk es fah-y-dahl-mah-shahk.)

641. I've had diarrhea for two days.
Két napja hasmenésem van.
(Kait nahp-yah hahsh-meh-nay-shem vahn.)

642. My eyes are red and itchy.
Pirosak és viszketnek a szemeim.
(Pee-roh-shahk es vees-ket-nek ah seh-zay-eem.)

643. I've been vomiting since last night.
Tegnap óta hányok.
(Teg-nahp oh-tah hahn-yok.)

644. I have a painful, persistent toothache.
Fájdalmas és állandó fogfájásom van.
(Fah-y-dahl-mahsh es ah-lahn-doh fog-fah-yah-shom vahn.)

645. I'm experiencing fatigue and weakness.
Fáradtságot és gyengeséget érzek.
(Fah-rad-tshah-got es dyen-geh-say-get air-zek.)

646. I've noticed blood in my urine.
Véres a vizeletem.
(Veh-resh ah vee-zeh-leh-tem.)

647. My nose is congested, and I can't smell anything.
El van dugulva az orrom és semmit sem érzek.
(El vahn doo-gool-vah ahs or-rom ehs she-mit shehm air-zek.)

648. I have a cut that's not healing properly.
Van egy sebem, ami nem gyógyul megfelelően.
(Vahn edj sheh-bem, ah-mee nehm dyoh-dyool mehg-feh-leuh-en.)

649. My ears have been hurting, and I can't hear well.
Fájnak a füleim és nem hallom jól.
(Fah-y-nahk ah foo-le-im ehs nehm hahl-lom yol.)

650. I think I might have a urinary tract infection.
Azt hiszem, hogy húgyúti fertőzésem van.
(Ahs-t hee-zem, hohj hoo-dy-oo-tee fahr-tuh-zay-shehm vahn.)

651. I've had trouble sleeping due to anxiety.
Szorongás miatt nehezen alszom.
(Soh-rong-gahsh mee-aht neh-heh-zen ahl-zohm.)

Requesting Medical Assistance

652. I need to see a doctor urgently.
Sürgősen orvosra van szükségem.
(Soor-guh-shen or-vohsh-rah vahn soo-kshay-geh-m.)

653. Can you call an ambulance, please?
Tudna hívni egy mentőt, kérem?
(Tood-nah heev-nee edj men-tuh-t, keh-rem?)

> **Travel Story:** At a pálinka distillery, the distiller said, "A jó bornak nem kell cégér," meaning "Good wine does not need a sign," as he explained the quality of their pálinka.

654. I require immediate medical attention.
Azonnali orvosi ellátásra van szükségem.
(Ah-zoh-nah-lee or-voh-shee el-lah-tahsh-rah vahn soo-kshay-geh-m.)

655. Is there an available appointment today?
Van ma szabad időpont?
(Vahn mah sah-bahd eed-uh-pohnt?)

656. Please help me find a nearby clinic.
Kérem, segítsen találni egy közeli klinikát.
(Keh-rem, sheh-gee-tshehn tah-lahl-nee edj kuh-zeh-lee klee-nee-kah-t.)

657. I think I'm having a medical emergency.
Úgy gondolom, orvosi vészhelyzetet élek meg.
(Ooh-dj gon-doh-lom, or-voh-shee vehsh-hel-yeh-zeh-tet ay-lek mehg.)

658. Can you recommend a specialist?
Tudna ajánlani egy szakorvost?
(Tood-nah ah-yahn-lah-nee edj sah-kor-vohsht?)

659. I'm in severe pain; can I see a doctor now?
Nagyon erős fájdalom gyötör, tudok most orvost látni?
(Nahj-on air-uhsh fah-y-dah-lom dyuh-tur, too-dohk mohsht or-vohsht laht-nee?)

660. Is there a 24-hour pharmacy in the area?
Van a környéken non-stop nyitva tartó gyógyszertár?
(Vahn ah kuhrr-nyay-ken non-stop neet-vah tar-toh yuh-gih-szehr-tahr?)

661. I need a prescription refill.
Újra kellene íratnom a receptemet.
(Oo-jrah keh-leh-neh e-rah-t-nohm ah reh-tsep-e-meht.)

662. Can you guide me to the nearest hospital?
El tudna vezetni a legközelebbi kórházhoz?
(El tood-nah veh-zet-nee ah lehg-kuh-zeh-leb-bee kohr-hahz-hohz?)

663. I've cut myself and need medical assistance.
Megvágtam magam, és orvosi segítségre van szükségem.
(Mehg-vahg-tahm mah-gahm ehs or-voh-shee seh-giht-sheg-reh vahn soo-kshay-geh-m.)

664. My child has a high fever; what should I do?
A gyerekemnek magas láza van; mit tegyek?
(Ah dye-reh-keh-mnek mah-gahsh lah-zah vahn; meet teh-dyek?)

665. Is there a walk-in clinic nearby?
Van a közelben bejelentkezés nélküli rendelő?
(Vahn ah kuh-zel-ben beh-yeh-len-tkeh-zaysh nayl-koo-lee ren-deh-luh?)

666. I need medical advice about my condition.
Orvosi tanácsra van szükségem az állapotommal kapcsolatban.
(Or-voh-shee tah-nahch-rah vahn soo-kshay-geh-m ahs ah-lah-po-toh-mmal kahp-choh-laht-bahn.)

667. My medication has run out; I need a refill.
Elfogyott a gyógyszerem, újra kell.
(El-foh-yoht ah yuh-gih-szeh-rem, oo-jrah kehl.)

668. Can you direct me to an eye doctor?
El tudna irányítani egy szemorvoshoz?
(El tood-nah ee-rah-nyee-tah-nee edj seh-mor-voh-shohz?)

669. I've been bitten by a dog; I'm concerned.
Megharapott egy kutya, aggódom.
(Mehg-hah-rah-pot ehj koo-tyah, ahg-goh-dohm.)

670. Is there a dentist available for an emergency?
Van sürgősségi fogorvos?
(Vahn shoorg-uh-sheh-gee foh-gor-vohsh?)

671. I think I might have food poisoning.
Azt hiszem, ételmérgezést kaptam.
(Ahs-t hee-zehm, ay-tel-mayr-geh-zaysh-t kahp-tahm.)

672. Can you help me find a pediatrician for my child?
Tudna segíteni gyermekorvost találni a gyermekemnek?
(Tood-nah seh-gi-teh-nee dye-rmeh-kor-vohsht tah-lahl-nee ah dye-rmeh-keh-mnek?)

Idiomatic Expression: "Kígyót-békát kiabál." - Meaning: "To rant and rave." (Literal translation: "Shouts snakes and frogs.")

Discussing Medications and Treatments

673. What is this medication for?
Mire használják ezt a gyógyszert?
(Mee-reh hahz-nah-lyahk ezt ah yuh-gih-szehrt?)

674. How often should I take this pill?
Milyen gyakran kell bevenni ezt a tablettát?
(Mee-lyen gyahk-rahn kell beh-veh-nee ezt ah tah-bleh-taht?)

675. Are there any potential side effects?
Vannak potenciális mellékhatások?
(Vahn-nahk poh-ten-chi-ahl-eesh mel-lay-khah-tah-shok?)

676. Can I take this medicine with food?
Lehet ezt a gyógyszert étellel bevenni?
(Leh-het ezt ah yuh-gih-szehrt ay-tell-el beh-veh-nee?)

677. Should I avoid alcohol while on this medication?
Kerülnöm kell az alkoholt, amíg ezt a gyógyszert szedem?
(Ke-rü-luhm kell ahz al-koh-holt, ah-meeg ezt ah yuh-gih-szehrt seh-dem?)

678. Is it safe to drive while taking this?
Biztonságos vezetni ezt a gyógyszert szedve?
(Bee-zton-shah-gosh veh-zet-nee ezt ah yuh-gih-szehrt seh-dveh?)

679. How long do I need to continue this treatment?
Meddig kell folytatnom ezt a kezelést?
(Mehd-dig kell fol-ee-taht-nohm ezt ah keh-zeh-layst?)

680. Can you explain the dosage instructions?
Elmagyarázná az adagolási utasításokat?
(El-mah-dyah-rah-znah ahs ah-dah-goh-lah-shee oo-tah-shee-tah-sho-kat?)

681. What should I do if I miss a dose?
Mit tegyek, ha kihagyok egy adagot?
(Meet teh-dyek, hah kee-hah-gyok edj ah-dah-got?)

682. Are there any dietary restrictions?
Vannak étrendi korlátozások?
(Vahn-nahk ay-tren-dee kor-lah-toh-zah-shok?)

Fun Fact: "Szerelem" means love in Hungarian, and it's a key theme in many traditional folk songs.

683. Can I get a generic version of this medication?
Kaphatok egy generikus változatot erről a gyógyszerről?
(Kah-pah-tohk edj jeh-neh-ree-koosh vahl-toh-zah-toht ehr-rul ah yuh-gih-szeh-rul?)

684. Is there a non-prescription alternative?
Van recept nélküli alternatíva?
(Vahn reh-tsept nayl-koo-lee al-ter-nah-tee-vah?)

685. How should I store this medication?
Hogyan kell tárolni ezt a gyógyszert?
(Ho-gyahn kell tah-rol-nee ezt ah yuh-gih-szehrt?)

686. Can you show me how to use this inhaler?
Megmutatná, hogyan kell használni ezt az inhalátort?
(Meg-moo-tah-nah, ho-gyahn kell hahz-nahl-nee ezt ahs een-hah-lah-tor-t?)

687. What's the expiry date of this medicine?
Mi a gyógyszer lejárati dátuma?
(Mee ah yoh-gih-szehr leh-yah-rah-tee dah-too-mah?)

Fun Fact: In Hungarian, the family name comes first and the given name second, opposite to the English naming convention.

688. Do I need to finish the entire course of antibiotics?
Be kell fejeznem az antibiotikumok teljes kúráját?
(Beh kell feh-yehz-nem ahs an-tee-bee-oh-tee-koo-mok tel-yesh koo-rah-yah-t?)

689. Can I cut these pills in half?
Félbevághatom ezeket a tablettákat?
(Fayl-beh-vah-ghah-tom eh-zeh-ket ah tah-bleh-tah-kah-t?)

690. Is there an over-the-counter pain reliever you recommend?
Van ajánlott vény nélküli fájdalomcsillapító?
(Vahn ah-yahn-lot vay-nee nayl-koo-lee fah-yah-dahl-om-chee-lah-pee-tee-oh?)

691. Can I take this medication while pregnant?
Szabad ezt a gyógyszert szedni terhesség alatt?
(Szah-bahd ezt ah yoh-gih-szehrt seh-dee tehr-hesh-sayg ah-latt?)

692. What should I do if I experience an allergic reaction?
Mit tegyek, ha allergiás reakciót tapasztalok?
(Meet teh-dyek, hah al-ler-gee-ahsh reh-ahk-chee-oh-toh tah-pahs-tah-lok?)

Fun Fact: Hungary's national anthem, "Himnusz," is based on a 19th-century poem by Ferenc Kölcsey.

693. Can you provide more information about this treatment plan?
Tudna több információt adni a kezelési tervről?
(Tood-nah tub een-for-mah-chee-oh-toh ah-dnee ah keh-zeh-lay-shee tehrv-rul?)

"A nevetés az élet sója."
"Laughter is the salt of life."
Laughter makes life enjoyable and worth living.

Word Search Puzzle: Healthcare

HOSPITAL
RUMAH SAKIT
DOCTOR
DOKTER
MEDICINE
OBAT
PRESCRIPTION
RESEP
APPOINTMENT
JANJI
SURGERY
OPERASI
VACCINE
VAKSIN
PHARMACY
APOTEK
ILLNESS
PENYAKIT
TREATMENT
PERAWATAN
DIAGNOSIS
DIAGNOSA
RECOVERY
PEMULIHAN
SYMPTOM
GEJALA
IMMUNIZATION
IMUNISASI

S	P	P	G	L	I	M	E	Y	P	U	W	D	J	N
Y	Q	E	I	Y	V	S	C	N	Y	S	O	Y	O	A
M	N	P	M	W	S	A	A	L	I	C	T	I	U	C
P	M	A	X	U	M	F	S	S	T	C	T	P	B	P
T	H	A	T	R	L	U	A	O	I	P	C	J	P	E
O	Q	E	A	A	R	I	R	Z	I	N	X	A	F	N
M	U	H	Z	G	W	S	H	R	O	Z	U	G	V	Y
C	P	W	E	H	P	A	C	A	S	N	S	M	M	A
O	H	R	H	D	S	S	R	E	N	I	H	C	I	K
N	Y	L	Q	W	E	G	K	E	L	S	S	V	V	I
Q	B	U	J	R	R	E	S	E	P	K	L	Z	T	T
H	O	S	P	I	T	A	L	J	B	A	L	C	I	P
O	I	S	A	R	E	P	O	A	Q	V	K	K	S	A
F	R	L	O	H	N	K	Z	N	R	L	W	I	A	X
A	W	N	L	I	M	Z	Q	J	X	E	Y	U	K	E
S	P	Z	C	N	W	F	I	I	S	C	Q	X	I	I
I	H	P	T	N	E	M	T	A	E	R	T	Z	T	V
S	U	Z	O	Q	R	S	X	A	N	E	J	R	K	E
O	X	L	O	I	Y	R	S	D	A	P	O	T	E	K
N	D	G	G	Y	N	O	U	Y	A	Q	T	Q	L	B
G	C	F	Q	Q	N	T	E	M	Z	T	A	U	L	Q
A	L	L	E	G	T	A	M	N	A	V	B	E	K	R
I	Q	J	A	C	J	R	P	E	I	H	O	V	N	G
D	L	I	X	E	H	Z	I	B	N	C	W	U	E	S
R	D	R	E	C	O	V	E	R	Y	T	I	J	N	S
V	E	M	L	Z	J	A	H	H	R	L	A	D	V	M
G	C	E	A	R	E	T	K	O	D	L	L	T	E	Z
E	H	F	X	V	U	L	P	E	A	J	L	G	X	M
P	E	G	H	A	L	X	Y	F	O	A	Z	G	H	L
N	O	I	T	A	Z	I	N	U	M	M	I	D	P	A

Correct Answers:

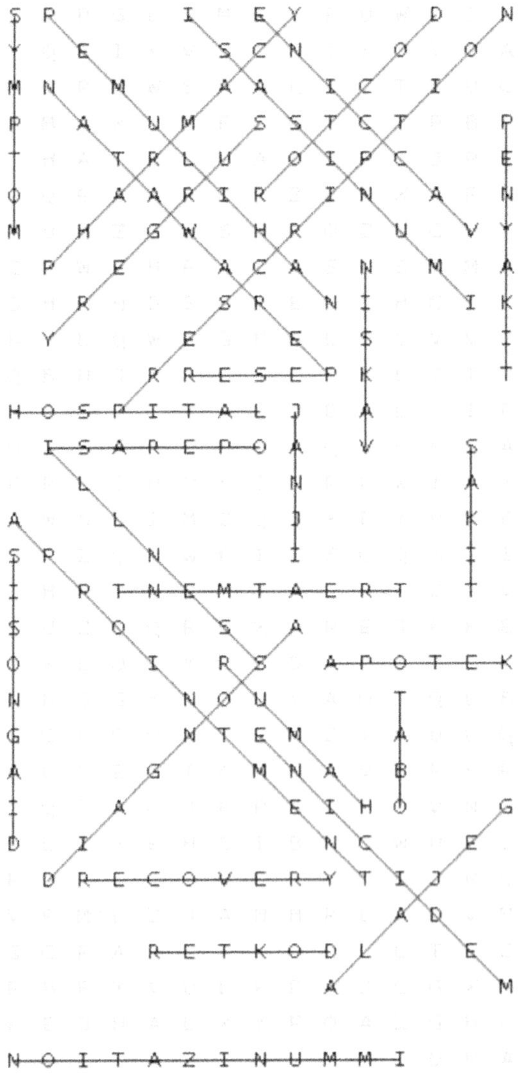

FAMILY & RELATIONSHIPS

- TALKING ABOUT FAMILY MEMBERS & RELATIONSHIPS -
- DISCUSSING PERSONAL LIFE & EXPERIENCES -
- EXPRESSING EMOTIONS & SENTIMENTS -

Family Members and Relationships

694. He's my younger brother.
Ő az én fiatalabb öcsém.
(Ő ahz ayn fee-ah-tah-lahb e-chaym.)

695. She's my cousin from my mother's side.
Ő az én anyai oldali unokatestvérem.
(Ő ahz ayn ahn-yai ohl-dah-lee oo-noh-kah-tesh-tvay-rem.)

696. My grandparents have been married for 50 years.
A nagyszüleim ötven éve házasok.
(Ah nahj-sü-lay-eem ut-ven ay-veh hah-zah-shok.)

697. We're like sisters from another mister.
Olyanok vagyunk, mint a másik apa testvérei.
(Ohl-yah-nok vah-yoonk, mint ah maa-sheek ah-pah tesht-vay-ray.)

698. He's my husband's best friend.
Ő a férjem legjobb barátja.
(Ő ah fair-yem lej-yohb bah-rah-tyah.)

699. She's my niece on my father's side.
Ő az én apai oldali unokahúgom.
(Ő ahz ayn ah-pie ohl-dah-lee oo-noh-kah-hoo-gohm.)

700. They are my in-laws.
Ők az apósaim.
(Ők ahz ah-po-shime.)

701. Our family is quite close-knit.
A családunk nagyon szoros.
(Ah chah-lah-doonk nahj-yon soh-ros.)

702. He's my adopted son.
Ő az örökbefogadott fiam.
(Ő ahz ur-uk-beh-foh-gah-dott fee-ahm.)

703. She's my half-sister.
Ő az én féltestvérem.
(Ő ahz ayn fayl-tesht-vay-rem.)

Travel Story: In a Hungarian pottery workshop, the artisan said, "A cselekvés aranyat ér," meaning "Action is worth gold," as he demonstrated the pottery wheel.

704. My parents are divorced.
A szüleim elváltak.
(Ah sü-lay-eem ehl-vahl-tahk.)

705. He's my fiancé.
Ő az én vőlegényem.
(Ő ahz ayn vuh-leh-gayn-yem.)

706. She's my daughter-in-law.
Ő az én menyem.
(Ő ahz ayn mehn-yem.)

Idiomatic Expression: "A hit képes hegyeket mozgatni."
- Meaning: "Faith can move mountains."
(Literal translation: "Strong belief and conviction can overcome great obstacles.")

707. We're childhood friends.
Gyerekkori barátok vagyunk.
(Dye-rek-ko-ree bah-rah-tok vah-dyoonk.)

708. My twin brother and I are very close.
Az ikertestvéremmel nagyon közel állunk egymáshoz.
(Az ik-ker-tesht-vay-rem-mel nahj-yon kuh-zel ahl-loonk ehj-mash-hohz.)

709. He's my godfather.
Ő az én keresztfiam.
(Ő ahz ayn keh-resht-fee-ahm.)

710. She's my stepsister.
Ő az én mostohatestvérem.
(Ő ahz ayn mohs-toh-hah-tesht-vay-rem.)

711. My aunt is a world traveler.
A nagynéném világutazó.
(Ah nahj-nay-naym veelah-goo-tah-zoh.)

712. We're distant relatives.
Távoli rokonok vagyunk.
(Tah-voh-lee roh-koh-nok vah-dyoonk.)

713. He's my brother-in-law.
Ő az én sógorom.
(Ő ahz ayn shoh-goh-rom.)

714. She's my ex-girlfriend.
Ő az én volt barátnőm.
(Ő ahz ayn volt bah-rah-tnerm.)

Personal Life and Experiences

715. I've traveled to over 20 countries.
Több mint 20 országban jártam.
(Turb mint hoo-sahg-bahn yar-tahm.)

716. She's an avid hiker and backpacker.
Ő egy lelkes túrázó és hátizsákos.
(Ő edj lel-kesh too-rah-zoh ays hah-tee-zhah-kosh.)

717. I enjoy cooking and trying new recipes.
Szeretek főzni és új recepteket kipróbálni.
(Seh-reh-tek fuhz-nee ays ooy reh-chep-tek-et kee-proh-bahl-nee.)

718. He's a professional photographer.
Ő egy professzionális fotográfus.
(Ő edj proh-fess-ee-oh-nah-lish foh-toh-grah-foosh.)

719. I'm passionate about environmental conservation.
Szenvedélyesen foglalkozom a környezetvédelemmel.
(Sen-veh-day-eh-shen fohg-lal-koh-zohm ah kur-nyeh-zet-vay-deh-leh-mel.)

720. She's a proud dog owner.
Büszke kutyatulajdonos.
(Bewsh-keh koo-tyah-too-lahj-doh-nosh.)

721. I love attending live music concerts.
Szeretek élőzenei koncertekre járni.
(Seh-reh-tek ay-luh-ze-neh-ee kon-chert-ek-reh yar-nee.)

722. He's an entrepreneur running his own business.
Ő egy vállalkozó, aki a saját vállalkozását vezeti.
(Ő edj vahl-lahl-ko-zoh, ah-kee ah shah-yat vahl-lahl-ko-zah-shat veh-ze-tee.)

723. I've completed a marathon.
Teljesítettem egy maratont.
(Tel-ye-shee-tet-tem edj mah-rah-ton-t.)

724. She's a dedicated volunteer at a local shelter.
Ő egy elkötelezett önkéntes egy helyi menhelyen.
(Ő edj el-kur-teh-leh-zett urn-ken-tesh edj heh-yee men-heh-lyen.)

725. I'm a history buff.
Szenvedélyes történelem rajongó vagyok.
(Sen-veh-day-eh-shesh turr-teh-neh-lem rah-yon-go vah-yok.)

726. He's a bookworm and a literature lover.
Ő egy könyvmoly és irodalom szerető.
(Ő edj kern-yiv-moy ays ee-roh-dah-lom seh-reh-ter.)

727. I've recently taken up painting.
Nemrég kezdtem festeni.
(Nem-rayg kehzd-tem fes-teh-nee.)

728. She's a film enthusiast.
Ő egy filmrajongó.
(Ő edj feelm-rah-yon-go.)

729. I enjoy gardening in my free time.
Szabadidőmben szeretek kertészkedni.
(Szah-bah-dee-derm-ben seh-reh-tek kehr-tay-skehd-nee.)

730. He's an astronomy enthusiast.
Ő egy csillagászat kedvelő.
(Ő edj cheel-lah-gah-saht ked-veh-ler.)

731. I've skydived twice.
Már kétszer ejtőernyőztem.
(Mar kayt-ser ayt-ter-ner-yurz-tem.)

732. She's a fitness trainer.
Ő egy fitneszedző.
(Ő edj fit-nesz-ed-zur.)

733. I love collecting vintage records.
Szeretek régi lemezeket gyűjteni.
(Seh-reh-tek ray-gee leh-meh-ze-ket yur-teh-nee.)

734. He's an experienced scuba diver.
Ő egy tapasztalt búvár.
(Ő edj tah-pahs-tahlt boo-var.)

735. I'm a proud parent of three children.
Büszke szülő vagyok három gyermeknek.
(Bewsh-keh soo-lur vah-yok hah-rom dyer-mek-nek.)

Fun Fact: The traditional Hungarian pastry, Kürtőskalács (Chimney cake), is a popular street food.

Expressing Emotions and Sentiments

736. I feel overjoyed on my birthday.
Nagyon boldog vagyok a születésnapomon.
(Nahj-yon bold-ohg vah-yok ah soo-leh-taysh-nah-poh-mon.)

737. She's going through a tough time right now.
Nehéz időszakon megy keresztül most.
(Neh-hez ee-dur-shah-kon mehj keh-res-tül most.)

738. I'm thrilled about my upcoming vacation.
Nagyon izgatott vagyok a közelgő szabadságom miatt.
(Nahj-yon eez-gah-tot vah-yok ah kuh-zel-gur sah-bahd-shah-gom mee-aht.)

739. He's heartbroken after the breakup.
Összetört a szakítás után.
(Uss-eh-turt ah sah-kee-tash oo-tahn.)

740. I'm absolutely ecstatic about the news.
Teljesen elragadtatva vagyok a hírtől.
(Tel-ye-shen el-rah-gah-tat-vah vah-yok ah heer-turl.)

741. She's feeling anxious before the big presentation.
Szorong a nagy bemutató előtt.
(Szoh-rong ah nahj beh-moo-tah-toh eh-lurt.)

742. I'm proud of my team's achievements.
Büszke vagyok a csapatom eredményeire.
(Boo-skeh vah-yok ah chah-pah-tohm eh-reh-dmeh-nyay-ray.)

743. He's devastated by the loss.
Teljesen összetört a veszteség miatt.
(Tel-ye-shen uss-eh-turt ah vehs-teh-sheg mee-aht.)

744. I'm grateful for the support I received.
Hálás vagyok a kapott támogatásért.
(Hah-lash vah-yok ah kah-pot tah-moh-gah-tahsh-ert.)

745. She's experiencing a mix of emotions.
Vegyes érzelmeket tapasztal.
(Vehj-yesh air-zehl-meh-keht tah-pahsh-tahl.)

746. I'm content with where I am in life.
Elégedett vagyok az életemmel, ahol most tartok.
(El-eh-geh-dett vah-yok ahz eh-leh-tem-mel, ah-hohl most tar-tohk.)

747. He's overwhelmed by the workload.
Túlterhelt a munkamennyiségtől.
(Tool-tehr-helt ah moon-kah-men-nyee-sheg-turl.)

748. I'm in awe of the natural beauty here.
Lenyűgöz a természet szépsége itt.
(Len-yoo-gurz ah ter-may-szet sehp-sheh-geh eet.)

Language Learning Tip: Teach Someone Else - Teaching phrases or vocabulary to another person can reinforce your learning.

749. She's relieved the exams are finally over.
Megkönnyebbült, hogy végre vége a vizsgáknak.
(Mehg-kern-ye-bewlt, hohj vehg-reh veh-geh ah vees-gahk-nak.)

750. I'm excited about the new job opportunity.
Izgatott vagyok az új munkalehetőség miatt.
(Eez-gah-tot vah-yok ahs ooh moon-kah-leh-het-ur-sheg mee-aht.)

Travel Story: At a Hungarian folklore night, a storyteller began with, "A szeretet a legnagyobb ajándék," meaning "Love is the greatest gift," before delving into a tale of legendary lovers.

751. I'm nostalgic about my childhood.
Nosztalgiával gondolok a gyermekkoromra.
(Nos-tal-ghee-ah-val gon-dol-ok ah djer-mek-kor-om-rah.)

752. She's confused about her future.
Zavarban van a jövőjével kapcsolatban.
(Zah-var-ban van ah yuh-vuh-yay-vel kap-cho-laht-ban.)

753. I'm touched by the kindness of strangers.
Meghatódom az idegenek kedvességétől.
(Meg-ha-taw-dom ahs ee-deh-ge-nek ked-vesh-say-gay-tul.)

754. He's envious of his friend's success.
Irigykedik a barátja sikerére.
(Ee-reej-ke-dik ah bah-rah-tyah see-keh-ray-reh.)

755. I'm hopeful for a better tomorrow.
Reménykedem egy jobb holnapban.
(Reh-mayn-ye-keh-dem edge yohb hol-nap-ban.)

"A nevetés a legjobb gyógymód."
"Laughter is the best medicine."
Laughter can heal and bring joy in difficult times.

Interactive Challenge: Family & Relationships

(Link each English word with their corresponding meaning in Hungarian)

1) Family	Barátság
2) Parents	Testvérek
3) Siblings	Házasság
4) Children	Család
5) Grandparents	Szülők
6) Spouse	Unokahúg
7) Marriage	Szerelem
8) Love	Gyermekek
9) Friendship	Házastárs rokonai
10) Relatives	Nagyszülők
11) In-laws	Rokonok
12) Divorce	Örökbefogadás
13) Adoption	Házastárs
14) Cousins	Unokatestvérek
15) Niece	Válás

Correct Answers:

1. Family - Család
2. Parents - Szülők
3. Siblings - Testvérek
4. Children - Gyermekek
5. Grandparents - Nagyszülők
6. Spouse - Házastárs
7. Marriage - Házasság
8. Love - Szerelem
9. Friendship - Barátság
10. Relatives - Rokonok
11. In-laws - Házastárs rokonai
12. Divorce - Válás
13. Adoption - Örökbefogadás
14. Cousins - Unokatestvérek
15. Niece - Unokahúg

TECHNOLOGY & COMMUNICATION

- USING TECHNOLOGY-RELATED PHRASES -
- INTERNET ACCESS AND COMMUNICATION TOOLS -
- TROUBLESHOOTING TECHNICAL ISSUES -

Using Technology

756. I use my smartphone for various tasks.
Különböző feladatokhoz használom a smartphone-omat.
(Kül-ern-bö-zö feh-la-dah-tok-hoz hahz-nah-lom ah smahrt-fone-oh-maht.)

757. The computer is an essential tool in my work.
A számítógép nélkülözhetetlen eszköz a munkámban.
(Ah sah-mee-tó-gape nayl-kül-öz-heh-telen es-köz ah moon-kahm-bahn.)

758. I'm learning how to code and develop software.
Megtanulom, hogyan kell kódolni és szoftvert fejleszteni.
(Meg-tah-nuh-lom, ho-gyahn kell kó-dol-nee esh soft-fert fe-yehs-tay-nee.)

759. My tablet helps me stay organized.
A táblagépem segít rendben tartani a dolgaimat.
(Ah tah-blah-gay-pem shey-geet rend-ben tar-tah-nee ah dol-gye-eye-maht.)

760. I enjoy exploring new apps and software.
Szeretek új alkalmazásokat és szoftvereket felfedezni.
(Seh-reh-tek oo-y al-kal-mah-za-sho-kat esh soft-veh-reh-keht fel-feh-dehz-nee.)

> **Fun Fact:** The Hungarian language is part of the Finno-Ugric language family, related to Finnish and Estonian.

761. Smartwatches are becoming more popular.
Az okosórák egyre népszerűbbek.
(Ahz o-kosh-ó-rák ed-y-reh nép-ser-ub-ek.)

762. Virtual reality technology is fascinating.
A virtuális valóság technológiája lenyűgöző.
(Ah vir-too-ah-lish vah-loh-shahg tek-no-ló-gyah-yah lehn-yu-gö-zö.)

763. Artificial intelligence is changing industries.
A mesterséges intelligencia átalakítja az iparágakat.
(Ah mesh-ter-shey-gesh in-tell-ee-gen-see-ah ah-tah-lah-keet-yah ahz ee-pah-rah-gah-kat.)

764. I like to customize my gadgets.
Szeretem személyre szabni az eszközeimet.
(Seh-reh-tem seh-may-reh sahb-nee ahs es-kö-zay-ee-met.)

765. E-books have replaced physical books for me.
Az e-könyvek felváltották számomra a fizikai könyveket.
(Ahs eh-köhn-yvek fel-vahl-toh-tahk sah-mohm-rah ah fee-zi-kai kuhn-yve-ket.)

766. Social media platforms connect people worldwide.
A közösségi média platformok világszerte összekötik az embereket.
(Ah kö-zö-shey-gee may-dee-ah plat-for-mok vee-lahg-szer-teh ös-se-kö-tik ahs em-beh-re-ket.)

767. I'm a fan of wearable technology.
Rajongok a viselhető technológiákért.
(Rah-yong-ok ah vee-sel-heh-tő tek-no-ló-gyah-kért.)

768. The latest gadgets always catch my eye.
A legújabb kütyük mindig felkeltik az érdeklődésemet.
(Ah leh-goo-yahb küh-tüük min-dig fel-kel-teek ahz ér-deh-klö-dé-she-met.)

769. My digital camera captures high-quality photos.
A digitális fényképezőgépem magas minőségű fotókat készít.
(Ah dee-ghee-tah-leesh fayn-kay-pay-zuh-gay-pem mah-gash mee-nuh-say-gue foh-toh-kat kay-sheet.)

770. Home automation simplifies daily tasks.
Az otthoni automatizálás leegyszerűsíti a napi feladatokat.
(Ahs ot-toh-nee ah-oo-toh-mah-tee-zah-lahsh leh-eh-jee-she-ruh-shee-tee ah nah-pee feh-lah-dah-toh-kat.)

771. I'm into 3D printing as a hobby.
A 3D nyomtatás a hobbim.
(Ah hah-rom deh nohm-tah-tahsh ah hoh-beem.)

772. Streaming services have revolutionized entertainment.
A streaming szolgáltatások forradalmasították a szórakozást.
(Ah shtray-ming szol-gahl-tah-tah-shok for-rah-dahl-mah-shee-tot-tahk ah soh-rah-koh-zasht.)

773. The Internet of Things (IoT) is expanding.
Az Internet of Things (IoT) terjed.
(Ahs eent-er-net ov teengs ter-yed.)

774. I'm into gaming, both console and PC.
Szeretem a játékot, mind konzol, mind PC.
(Seh-reh-tem ah yah-tay-kot, meend kon-zol, meend pee-tsay.)

775. Wireless headphones make life more convenient.
A vezeték nélküli fejhallgatók megkönnyítik az életet.
(Ah veh-zeh-tek nayl-kue-lee fey-hahl-gah-tohk meg-kern-yee-tee-k az ay-leh-tet.)

776. Cloud storage is essential for my work.
A felhő tárolás elengedhetetlen a munkámhoz.
(Ah fel-huh tah-rol-ahsh el-en-geh-deh-te-len ah moon-kahm-hohz.)

> **Travel Story:** While exploring the caves of Aggtelek, a guide used the phrase, "Nincs fény árnyék nélkül," meaning "There is no light without shadow," highlighting the beauty of the cave formations.

Internet Access and Communication Tools

777. I rely on high-speed internet for work.
A munkámhoz magas sebességű internetre támaszkodom.
(Ah moon-kahm-hohz mah-gash sheh-bess-say-gue eent-er-net-re tah-mash-koh-dom.)

778. Video conferencing is crucial for remote meetings.
A videókonferencia kulcsfontosságú a távmunka megbeszélésekhez.
(Ah vee-deh-oh-kon-feh-ren-tsee-ah koolch-fon-tos-shah-gue ah tahv-moon-kah mehg-beh-szay-lay-shek-hez.)

779. Social media helps me stay connected with friends.
A közösségi média segít kapcsolatban maradni a barátaimmal.
(Ah kö-zös-shey-gee may-dee-ah shey-geet kap-chol-aht-bahn mah-rad-nee ah bah-rah-tie-mahl.)

780. Email is my primary mode of communication.
Az email a fő kommunikációs módszerem.
(Ahs ee-mayl ah fuh ko-moo-nee-kah-tsee-ohsh mohd-seh-rem.)

781. I use messaging apps to chat with family.
Üzenetküldő alkalmazásokat használok a családommal való csevegéshez.
(Oo-ze-net-keul-dő al-kal-mah-zah-sho-kat haz-nah-lok ah cha-la-dohm-mal vah-lo che-veh-ghesh-hez.)

782. Voice and video calls keep me in touch with loved ones.
A hang- és videóhívások segítenek kapcsolatban maradni a szeretteimmel.
(Ah hahng eys vi-de-oh-hee-vah-shok seh-gee-ten-ek kap-chol-aht-bahn mah-rad-nee ah se-re-te-im-mel.)

783. Online forums are a great source of information.
Az online fórumok nagyszerű információforrások.
(Ahs on-line foh-room-ok nahj-ser-oo in-for-mah-tsee-oh-for-rah-shok.)

784. I trust encrypted messaging services for privacy.
Megbízom a titkosított üzenetküldő szolgáltatásokban a magánélethez.
(Meg-bee-zohm ah tit-koh-shee-tott oo-ze-net-keul-dő szol-gahl-tah-tah-shok-bahn ah mah-gahn-ay-leh-tez.)

785. Webinars are a valuable resource for learning.
A webinárok értékes források a tanuláshoz.
(Ah veh-bee-nah-rok air-tay-kesh for-rah-shok ah tahn-oo-lah-shohz.)

Idiomatic Expression: "Zöld a bérletük." -
Meaning: "They are inexperienced."
(Literal translation: "Their pass is green.")

786. VPNs enhance online security and privacy.
A VPN-ek növelik az online biztonságot és a magánéletet.
(Ah veh-peh-en-ek nuh-veh-leek ahs on-line bee-zton-shah-got eys ah mah-gahn-ay-leh-tet.)

787. Cloud-based collaboration tools are essential for teamwork.
A felhő alapú együttműködési eszközök elengedhetetlenek a csapatmunkához.
(Ah fel-huh ah-lah-poo eh-yoot-mew-kuh-deh-shee es-kuz-uk el-en-geh-deh-teh-le-nek ah cha-paht-moon-kah-hohz.)

788. I prefer using a wireless router at home.
Otthon a vezeték nélküli routert részesítem előnyben.
(Ot-ton ah veh-ze-tek nayl-kue-lee roo-tert resh-se-she-tem el-uh-nih-ben.)

789. Online banking simplifies financial transactions.
Az online bankolás egyszerűsíti a pénzügyi tranzakciókat.
(Ahs on-line bahn-koh-lahsh eh-jee-she-ruh-shee-tee ah payn-zue gi tran-zahk-tsee-oh-kat.)

Fun Fact: The famous Hollywood film director Michael Curtiz, known for "Casablanca," was born in Hungary.

790. VoIP services are cost-effective for international calls.
A VoIP szolgáltatások költséghatékonyak a nemzetközi hívásokhoz.
(Ah Vo-ee-Pee szol-gahl-tah-tah-shok kuhl-tsay-hah-tay-koh-nyak ah nem-zet-koe-zee hee-vah-shok-hohz.)

791. I enjoy online shopping for convenience.
Az online vásárlást a kényelme miatt kedvelem.
(Ahs on-line vah-shar-lahsht ah kay-nyel-meh me-att ked-veh-lem.)

792. Social networking sites connect people globally.
A közösségi hálózati oldalak világszerte összekötik az embereket.
(Ah kuh-zuh-shey-gee hah-loh-zah-tee oh-dah-lak vee-lahg-ser-teh uh-sseh-kuh-tee-k ahz em-beh-reh-ket.)

793. E-commerce platforms offer a wide variety of products.
Az e-kereskedelmi platformok széles választékot kínálnak termékekből.
(Az eh-keh-reh-skeh-del-mee plat-for-mok say-lesh vah-lash-tay-kot kee-nahl-nak ter-may-kayk-buhl.)

Idiomatic Expression: "Mint a sárkány a vásárban." - Meaning: "To be in a chaotic or busy situation." (Literal translation: "Like a dragon at the fair.")

794. Mobile banking apps make managing finances easy.
A mobilbank alkalmazások megkönnyítik a pénzügyek kezelését.
(Ah moh-beel-bahnk al-kal-mah-zah-shok megh-kern-yee-tee-k ah payn-zue-gyek keh-zeh-lay-shayt.)

795. I'm active on professional networking sites.
Aktív vagyok a szakmai hálózati oldalakon.
(Akh-teev vah-yok ah sahk-my hah-loh-za-tee oh-dah-lah-kon.)

796. Virtual private networks protect my online identity.
A virtuális magánhálózatok megvédik az online identitásomat.
(Ah vir-too-ah-leesh mah-gahn-hah-loh-za-tohk megh-vay-deek ahs on-line iden-tee-tah-sho-maht.)

797. Instant messaging apps are great for quick chats.
Az azonnali üzenetküldő alkalmazások remekek gyors csevegésekhez.
(Ahs ah-zoh-nah-lee oo-ze-net-keul-doe al-kal-mah-zah-shok reh-me-kick gyorsh cheh-veh-geh-shek-hez.)

Cultural Insight: Christmas in Hungary is celebrated with unique traditions, such as the feast on December 24th and the custom of children leaving their boots on the windowsill for treats.

Troubleshooting Technical Issues

798. My computer is running slow; I need to fix it.
A számítógépem lassan fut; meg kell javítanom.
(Ah sah-mee-toh-gay-pem lah-shahn foot; megh kell yah-vee-tah-nom.)

799. I'm experiencing network connectivity problems.
Hálózati csatlakozási problémákat tapasztalok.
(Hah-loh-za-tee chah-tlah-ko-zah-shee prob-lay-mah-kaht tah-pahs-tah-lok.)

800. The printer isn't responding to my print commands.
A nyomtató nem reagál a nyomtatási parancsaimra.
(Ah nyohm-tah-toh nem reh-ghahl ah nyohm-tah-tah-shee pah-ranch-shime-rah.)

> **Fun Fact:** The word 'goulash' in English comes from the Hungarian 'gulyás,' originally meaning 'herdsman.'

801. My smartphone keeps freezing; it's frustrating.
Az okostelefonom folyamatosan befagy; ez frusztráló.
(Az oh-kohs-teh-leh-foh-nohm foh-lyah-mah-toe-shahn beh-fah-gy; ez froo-strah-loh.)

802. The Wi-Fi signal in my house is weak.
A Wi-Fi jel gyenge a házamban.
(Ah Vee-Fee yehl gyen-geh ah hah-zahm-bahn.)

803. I can't access certain websites; it's a concern.
Nem tudok hozzáférni bizonyos weboldalakhoz; ez aggodalomra ad okot.
(Nem too-dok hohz-zah-fair-nee bee-zoh-nyohsh veh-bold-ah-lah-kohz; ez ahg-goh-dahl-om-rah ad oh-kot.)

804. My laptop battery drains quickly; I need a solution.
A laptopom akkumulátora gyorsan merül; szükségem van egy megoldásra.
(Ah lap-top-om ak-koo-moo-lah-toh-rah gyor-shan meh-rül; süks-ay-gem van edj meh-gol-dash-rah.)

805. There's a software update available for my device.
Van egy szoftverfrissítés elérhető az eszközöm számára.
(Vahn edj sof-tver-fre-shee-taysh ehl-air-het-uh az es-kö-zöm sah-mah-rah.)

806. My email account got locked; I need to recover it.
Az e-mail fiókom zárolva lett; helyre kell állítanom.
(Az e-mayl fee-oh-kom zah-rol-vah let; heh-lire kell ah-lí-tah-nom.)

Fun Fact: The Hungarian Forint gets its name from the city of Florence, where gold coins were minted in the 13th century.

807. The screen on my tablet is cracked; I'm upset.
A táblagépem képernyője repedt; bosszant.
(Ah tah-blah-gay-pem kép-air-nyuh-ye reh-pedt; boh-shahnth.)

808. My webcam isn't working during video calls.
A webkamerám nem működik videóhívások alatt.
(Ah vehb-kah-me-rahm nem mew-kö-dik vi-deh-oh-hí-vah-shok ah-lath.)

809. My phone's storage is almost full; I need to clear it.
A telefonom tárhelye majdnem tele; ki kell üríteném.
(Ah teh-leh-foh-nom tah-rheh-lyeh madj-nehm teh-le; kee kell ü-rí-teh-nem.)

810. I accidentally deleted important files; I need help.
Véletlenül töröltem fontos fájlokat; segítségre van szükségem.
(Vé-leh-ten-ül tör-öl-tem fohn-tosh fahy-loh-kath; sheh-gít-shay-gre vahn süks-ay-gem.)

Fun Fact: The traditional Hungarian embroidery, "matyó," is recognized by UNESCO for its cultural heritage.

811. My smart home devices are not responding.
Az okosotthon eszközeim nem reagálnak.
(Az oh-koh-sho-thohn es-kö-zay-eem nem reh-ah-gahl-nahk.)

812. The GPS on my navigation app is inaccurate.
A navigációs alkalmazásom GPS-e pontatlan.
(Ah nah-vih-gah-chee-ohsh al-kal-mah-zah-shom Je-Pe-Es-eh pohn-taht-lahn.)

813. My antivirus software detected a threat; I'm worried.
Az antivírus szoftverem észlelt egy fenyegetést; aggódom.
(Az ahn-tee-ví-roosh sof-tve-rem esh-lelt edj feh-nye-geh-tesht; ahg-goh-dom.)

814. The touchscreen on my device is unresponsive.
Az eszközöm érintőképernyője nem reagál.
(Az es-kö-zöm eh-rin-tuh-kép-air-nyuh-ye nem reh-ah-gahl.)

815. My gaming console is displaying error messages.
A játékkonzolom hibajelzéseket jelenít meg.
(Ah yah-tayk-kohn-zoh-lom hee-bah-yel-zes-ke-ket ye-len-íth megh.)

816. I'm locked out of my social media account.
Ki vagyok zárva a közösségi média fiókomból.
(Kee vah-yok zahr-vah ah kuh-zuh-sheh-gee may-dee-ah fee-oh-kom-ból.)

817. The sound on my computer is distorted.
A számítógépem hangja torzult.
(Ah sah-mee-tuh-gép-em hahn-gyah tor-zoolt.)

818. My email attachments won't open; it's frustrating.
Az e-mail mellékleteim nem nyílnak meg; ez nagyon frusztráló.
(Az e-mayl mel-lék-leh-tay-eem nem nee-eel-nahk megh; ez nah-gyon froos-trah-ló.)

"A szó elszáll, az írás megmarad."
"Words fly away, writing remains."
Written words have a lasting impact.

Cross Word Puzzle: Technology & Communication

(Provide the English translation for the following Hungarian words)

Down

2. - FELHŐ
4. - BEJÁRAT
8. - ADAT
9. - ÚTVÁLASZTÓ
11. - KÉPERNYŐ
12. - BILLNENTYŰZET
13. - HÁLÓZAT
15. - NYOMTATÓ

Across

1. - KRIPTOLÓGIA
2. - TÖLTŐ
3. - WEBKAMERA
5. - SZÁMÍTÓGÉP
6. - ALKALMAZÁS
7. - AKKUMULÁTOR
10. - BÖNGÉSZŐ
14. - INTERNET

Correct Answers:

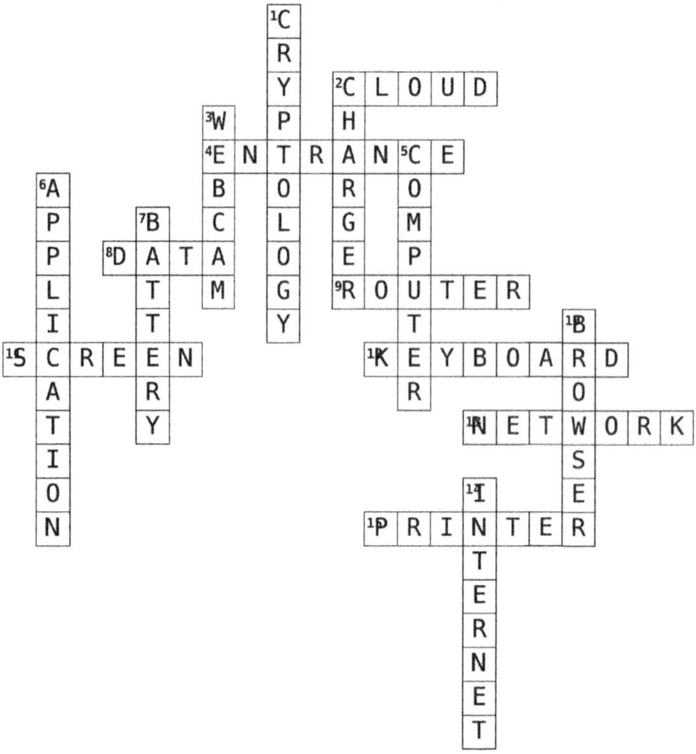

SPORTS & RECREATION

- DISCUSSING SPORTS, GAMES, & OUTDOOR ACTIVITIES -
- PARTICIPATING IN RECREATIONAL ACTIVITIES -
- EXPRESSING ENTHUSUASM OR FRUSTRATION -

Sports, Games, & Outdoor Activities

819. I love playing soccer with my friends.
Szeretek focizni a barátaimmal.
(Seh-reh-tek fo-tseez-nee ah bah-rah-tie-em-mal.)

820. Basketball is a fast-paced and exciting sport.
A kosárlabda egy gyors és izgalmas sport.
(Ah ko-shahr-lahb-dah ehj jorsh ehs eez-gahl-mash shport.)

821. Let's go for a hike in the mountains this weekend.
Menjünk túrázni a hegyekbe ezen a hétvégén.
(Men-yoonk too-rahz-nee ah heh-jek-beh eh-zen ah hayt-vay-gayn.)

822. Playing chess helps improve my strategic thinking.
A sakkjáték fejleszti a stratégiai gondolkodásomat.
(Ah shahk-ya-tayk fej-les-ti ah strah-tay-ghee-ah-ee gon-dol-ko-dah-sho-maht.)

823. I'm a fan of tennis; it requires a lot of skill.
Teniszrajongó vagyok; sok ügyességet igényel.
(Te-nees-ra-yon-go vah-yok; shok ooh-jesh-say-get ee-gye-nel.)

824. Are you up for a game of volleyball at the beach?
Van kedved egy strandröplabda meccshez a tengerparton?
(Vahn ked-ved ehj shtrahnd-rup-lahb-dah mech-hez ah ten-ger-par-ton?)

825. Let's organize a game of ultimate frisbee.
Szervezzünk egy ultimate frizbi meccset.
(Ser-veh-zoonk ehj ul-te-ma-te frihz-bee mech-set.)

826. Baseball games are a great way to spend the afternoon.
A baseball meccsek remek módszerek a délután eltöltésére.
(Ah bayz-ball mech-shek reh-mek mohd-sheh-rek ah day-loo-tahn el-tuhl-tay-sheh-reh.)

827. Camping in the wilderness is so peaceful.
A vadonban kempingezni nagyon békés.
(Ah vah-dohn-bahn kem-peen-gez-nee nah-yon bay-kaysh.)

828. I enjoy swimming in the local pool.
Szeretek úszni a helyi medencében.
(Seh-reh-tek oohz-nee ah heh-yee meh-den-tsay-ben.)

829. I'm learning to play the guitar in my free time.
Szabadidőmben gitározni tanulok.
(Sah-bah-dee-dum-ben gee-tah-rohz-nee tah-noo-lok.)

830. Skiing in the winter is an exhilarating experience.
A téli síelés egy izgalmas élmény.
(Ah tay-lee shee-eh-laysh ehj eez-gahl-mash ayl-mayn.)

831. Going fishing by the lake is so relaxing.
A tóparton horgászni nagyon pihentető.
(Ah toh-pahr-ton hohr-gahs-nee nah-yon pee-hen-teh-to.)

832. We should have a board game night with friends.
Szervezzünk egy társasjáték estét barátokkal.
(Ser-veh-zoonk ehj tar-shah-shya-tayk esh-tayt bah-rah-tok-kahl.)

Travel Story: At a Hungarian horse show, a rider said, "Ahol nincs halál, ott nincs élet sem," meaning "Where there is no death, there is also no life," referring to the risks and rewards of equestrian life.

833. Martial arts training keeps me fit and disciplined.
A harcművészeti edzés fitté és fegyelmezetté tesz.
(Ah har-chmoo-veh-she-ti ed-zay-ss fit-teh aysh feh-gyel-meh-zet-teh tehz.)

834. I'm a member of a local running club.
Tagja vagyok egy helyi futóklubnak.
(Tah-dya vah-yok eh-dj heh-yee foo-toe-kloob-nak.)

835. Playing golf is a great way to unwind.
A golfjáték kiváló módja a kikapcsolódásnak.
(Ah golf-yah-tayk kee-vah-loh mohd-ya ah kee-kahpch-oh-loh-dahsh-nak.)

> **Idiomatic Expression:** "Mint a király a piacon." - Meaning: "Stand out from the crowd." (Literal translation: "Like a king in the market.")

836. Yoga classes help me stay flexible and calm.
A jógaórák segítenek rugalmasnak és nyugodtnak maradni.
(Ah yoh-gah-oh-rahk sheh-gee-ten-ek roo-gahl-mash-nak aysh nyoo-gohd-tnak mah-rad-nee.)

837. I can't wait to go snowboarding this season.
Alig várom, hogy ezen a szezonban snowboardozzak.
(Ah-leeg vah-rom, hohd ehen ah say-zohn-bahn shnoh-board-oh-zahk.)

838. Going kayaking down the river is an adventure.
Kajakozni a folyón egy igazi kaland.
(Kah-yah-kohz-nee ah foh-yohn eh-dj eeg-ah-zee kah-lahnd.)

839. Let's organize a picnic in the park.
Szervezzünk pikniket a parkban.
(Ser-veh-zoonk peek-neek-et ah parhk-bahn.)

Participating in Recreational Activities

840. I enjoy painting landscapes as a hobby.
Hobbi szintjén élvezem a tájképek festését.
(Hohb-bee seent-yayn el-veh-zem ah tahy-kay-pek fesht-ay-shayt.)

841. Gardening is a therapeutic way to spend my weekends.
A kertészkedés terápiás módja a hétvégeim eltöltésének.
(Ah kair-tays-kay-daysh teh-rah-pee-ahsh mohd-ya ah hayt-vay-gay-eem el-turl-teh-shay-nek.)

842. Playing the piano is my favorite pastime.
A zongorázás a kedvenc időtöltésem.
(Ah zon-goh-rah-zahsh ah ked-vench eed-ur-turl-teh-shaym.)

843. Reading books helps me escape into different worlds.
A könyvolvasás segít más világokba menekülnöm.
(Ah kern-yol-vah-shahsh sheh-geet mahsh vee-lah-gok-bah meh-neh-kuol-num.)

844. I'm a regular at the local dance classes.
Rendszeresen járok a helyi táncórákra.
(Ren-dzer-eh-sen yah-rok ah heh-yee tahnch-oh-rah-krah.)

845. Woodworking is a skill I've been honing.
A fafaragás egy olyan készség, amit fejlesztek.
(Ah fah-fah-rah-gahsh eh-dj ohl-yahn kay-shayg, ah-mit fey-les-tek.)

Idiomatic Expression: "Jó bornak nem kell cégér." - Meaning: "A good product does not need advertising." (Literal translation: "Good wine does not need a sign.")

846. I find solace in birdwatching at the nature reserve.
Vigaszt lelek a madármegfigyelésben a természetvédelmi területen.
(Vee-gahst leh-lek ah mah-dah-ermeg-fee-gyeh-lesh-ben ah tair-may-shet-vay-del-mee tair-oo-leh-ten.)

847. Meditation and mindfulness keep me centered.
A meditáció és a tudatosság központban tart.
(Ah meh-dee-tah-tsee-oh aysh ah too-dah-toh-shahg keuz-pont-ban tart.)

848. I've taken up photography to capture moments.
A fényképezésbe kezdtem a pillanatok megörökítésére.
(Ah fayn-kay-peh-zesh-beh kezd-tem ah pee-lah-na-tohk meg-uh-roo-kee-teh-sheh-reh.)

849. Going to the gym is part of my daily routine.
Az edzőterembe járás a napi rutinom része.
(Az ed-zoh-teh-rem-beh yah-rash ah nah-pee roo-teen-om reh-seh.)

850. Cooking new recipes is a creative outlet for me.
Az új receptek elkészítése kreatív kikapcsolódás számomra.
(Az ooh-yeh reh-cheh-tek elkay-shee-teh-sheh kreh-ah-teev kee-kahpch-oh-loh-dahsh shah-mom-rah.)

851. Building model airplanes is a fascinating hobby.
A modellrepülők építése izgalmas hobbi.
(Ah moh-dell-reh-pyool-ohk ay-pee-teh-sheh eez-gahl-mash hohb-bee.)

852. I love attending art exhibitions and galleries.
Szeretek művészeti kiállításokon és galériákban részt venni.
(Sze-reh-tek moo-vay-she-tee kee-ahl-lee-tah-sho-kon aysh gah-lay-ree-ahk-bahn rehst vehn-nee.)

853. Collecting rare stamps has been a lifelong passion.
A ritka bélyegek gyűjtése egész életem szenvedélye.
(Ah reet-kah bay-lyeh-gek dyoo-yeh-teh-sheh eh-gezsh ay-leh-tem sen-veh-deh-lyeh.)

854. I'm part of a community theater group.
Egy közösségi színházi csoport tagja vagyok.
(Eh-dj kuh-zuh-shey-gee see-nyah-zee choh-port tah-dya vah-yok.)

855. Birdwatching helps me connect with nature.
A madármegfigyelés segít a természettel kapcsolódni.
(Ah mah-dah-ermeg-fee-gyeh-lesh sheh-geet ah tair-may-sheh-tel kahp-chol-ohd-nee.)

856. I'm an avid cyclist and explore new trails.
Lelkes kerékpáros vagyok, és felfedezem az új ösvényeket.
(Lehl-kehsh keh-ray-kay-pah-rosh vah-yok, aysh fel-feh-deh-zem ahs oohj uhs-veh-nyeh-keht.)

857. Pottery classes allow me to express myself.
Az agyagozás órák lehetővé teszik számomra, hogy kifejezzem magam.
(Ahs ah-gyah-goh-zash oh-rahk leh-huh-tuh-veh teh-szik shah-mom-rah, hohd kee-feh-yez-zem mah-gahm.)

858. Playing board games with family is a tradition.
A családdal társasjátékokat játszani hagyomány.
(Ah chah-lahd-dahl tar-shash-yah-toh-kat yaht-sah-nee hah-gyo-mah-ny.)

859. I'm practicing mindfulness through meditation.
A tudatosságot meditációval gyakorlom.
(Ah too-dah-toh-shah-got meh-dee-tah-tsee-oh-vahl gyah-kor-lom.)

860. I enjoy long walks in the park with my dog.
Szeretek hosszú sétákat tenni a parkban a kutyámmal.
(Seh-reh-tek hoh-ssoo seh-tah-kat teh-nee ah park-bahn ah koo-tyahm-mal.)

Travel Story: At a Hungarian folk art exhibition, an artist said, "A szó elszáll, az írás megmarad," meaning "Words fly away, writing remains," while showcasing her embroidered stories.

Expressing Enthusiasm or Frustration

861. I'm thrilled we won the championship!
Nagyon örülök, hogy megnyertük a bajnokságot!
(Nah-jon urr-uh-look, hoh-j meh-nyair-took ah bah-jnok-shah-gaht!)

862. Scoring that goal felt amazing.
Az a gól rúgása fantasztikus érzés volt.
(Ahs ah goal roo-gah-shah fan-tahs-tih-koosh air-zaysh volt.)

863. It's so frustrating when we lose a game.
Nagyon frusztráló, amikor veszítünk egy meccset.
(Nah-jon froo-sztrah-loh, ah-mee-kor veh-seetoonk ehj meh-chet.)

864. I can't wait to play again next week.
Alig várom, hogy újra játsszak jövő héten.
(Ah-leeg vah-rom, hoh-j ooh-rah yah-tssahk yuh-vuh hay-ten.)

Fun Fact: The Hungarian language does not have gendered pronouns like "he" or "she."

865. Our team's performance was outstanding.
A csapatunk teljesítménye kiemelkedő volt.
(Ah chah-pah-toonk tel-yeh-see-tmay-nyeh kee-eh-mel-keh-dur volt.)

866. We need to practice more; we keep losing.
Többet kell gyakorolnunk; folyton veszítünk.
(Tur-bet kell djah-kor-ol-nunk; fol-yton veh-seetoonk.)

867. I'm over the moon about our victory!
Úgy örülök a győzelmünknek, mint a holdnak!
(Ooh-j urr-uh-look ah juz-el-moonk-nek, mint ah hohld-nahk!)

> **Language Learning Tip:** Immerse Yourself - Surround yourself with the language as much as possible.

868. I'm an avid cyclist and explore new trails.
Lelkes kerékpáros vagyok és felfedezem az új ösvényeket.
(Lehl-kehsh keh-ray-kay-pah-rosh vah-yok aysh fel-feh-deh-zem ahs oohj uhs-veh-nyeh-keht.)

869. The referee's decision was unfair.
A játékvezető döntése igazságtalan volt.
(Ah yah-tayk-veh-zet-ur dur-nteh-she ee-gahz-shahg-tah-lahn volt.)

870. We've been on a winning streak lately.
Mostanában egy nyerő szériában vagyunk.
(Mohs-tah-nah-bahn ehj nyo-ruh seh-ree-ah-bahn vah-yoonk.)

871. I'm disappointed in our team's performance.
Csalódott vagyok a csapatunk teljesítményében.
(Chah-loh-dot vah-yok ah chah-pah-toonk tel-yeh-see-tmay-nyay-ben.)

872. The adrenaline rush during the race was incredible.
Az adrenalin löket a verseny alatt hihetetlen volt.
(Ahs ah-dreh-nah-leen luh-ket ah vehr-seh-nee ah-laht hee-heh-tleh-len volt.)

873. We need to step up our game to compete.
Fel kell tornásznunk a játékunkat a versenyhez.
(Fehl kell tor-nahs-nunk ah yah-tay-kunk-at ah vehr-seh-nyehz.)

874. Winning the tournament was a dream come true.
A torna győzelmét nyerni, mint egy álom valóra vált.
(Ah tor-nah juh-zel-mate nyair-nee, mint ehj ah-lome vah-loh-rah vahlt.)

875. I was so close to scoring a goal.
Majdnem sikerült gólt rúgni.
(Maid-nem see-kehr-oolt golt roo-ghnee.)

876. We should celebrate our recent win.
Ünnepelnünk kellene a legutóbbi győzelmünket.
(Oon-neh-pel-noonk keh-leh-neh ah leh-goo-tob-bee juh-zel-moon-ket.)

877. Losing by a narrow margin is frustrating.
Szorosan veszíteni frusztráló.
(Szo-roh-shahn veh-see-tee-nee froo-sztrah-loh.)

878. Let's train harder to improve our skills.
Keményebben kell edzenünk, hogy fejlesszük a képességeinket.
(Keh-may-nyehb-ben kell eh-dzeh-noonk, hohj feh-yless-ook ah kay-pess-ay-gain-ket.)

879. The match was intense from start to finish.
A mérkőzés kezdettől a végéig intenzív volt.
(Ah mayr-koo-zaysh keh-dett-tul ah vay-gay-eeg in-ten-zeev volt.)

880. I'm proud of our team's sportsmanship.
Büszke vagyok a csapatunk sportszerűségére.
(Boo-skeh vah-yok ah chah-pah-toonk sport-ser-oo-shay-gay-reh.)

881. We've faced tough competition this season.
Kemény versenyben volt részünk ebben a szezonban.
(Keh-mayn vehr-seh-nye-ben volt ray-soonk ehb-ben ah seh-zohn-bahn.)

882. I'm determined to give it my all in the next game.
Elszánt vagyok, hogy mindenemet adjam a következő mérkőzésen.
(El-sahn-t vah-yok, hohj meen-deh-ne-met ah-djam ah ku-veh-tkuh-zoo mayr-koo-zay-shen.)

"Az élet egy csoda, amit felfedezni kell."
"Life is a miracle that needs to be discovered."
Life is full of wonders waiting to be explored and appreciated.

Mini Lesson:
Basic Grammar Principles in Hungarian #3

Introduction:

In this third installment of our Hungarian grammar series, we will continue to explore the intricate features of Hungarian grammar. This lesson will introduce some of the more complex aspects of the language, providing deeper insight into its unique structure and usage. These elements are crucial for achieving a comprehensive understanding of Hungarian.

1. Object Agreement:

In Hungarian, verbs agree not only with their subjects but also with their objects in terms of definiteness. This feature is unique to Hungarian within the Uralic language family.

- *Látom a kutyát. (I see the dog - definite object)*
- *Látok egy kutyát. (I see a dog - indefinite object)*

2. Possessive Suffixes:

Hungarian uses possessive suffixes attached to the noun to indicate possession, which also agree in number and person with the possessor.

- *Péter könyve (Peter's book)*
- *A lányok könyvei (The girls' books)*

3. Verb Prefixes:

Many Hungarian verbs use prefixes to modify the meaning of the verb. These prefixes can often change the aspect of the verb.

- *Megír (to write completely)*
- *Elolvassa (reads through)*

4. Conditional Mood:

The conditional mood in Hungarian is used to express hypothetical situations and is marked by specific verb endings.

- *Ha esne az eső, otthon maradnék. (If it were raining, I would stay home.)*

5. Imperative Mood:

The imperative mood is used for commands or requests and involves specific conjugation patterns.

- *Menj el! (Go away!)*
- *Kérlek, segíts! (Please help!)*

6. Subjunctive Mood:

While not as distinct as in some other languages, the subjunctive mood exists in Hungarian and is often expressed through the conditional or imperative forms.

- *Bárcsak itt lenne. (I wish he were here.)*

7. Aspect:

Hungarian does not have a grammatical aspect in the same way as Slavic languages, but it can express aspect through verb prefixes and contextual cues.

- *Elkezdi (starts to do something)*
- *Befejezi (finishes doing something)*

Conclusion:

Understanding these complexities of Hungarian grammar will enable you to engage more deeply with the language. It's a language rich in expressive potential, and mastering these aspects will significantly enhance your ability to communicate in Hungarian. Keep practicing and exploring the language in all its facets. Sok szerencsét! (Good luck!)

TRANSPORT & DIRECTIONS

- ASKING FOR AND GIVING DIRECTIONS -
- USING TRANSPORTATION-RELATED PHRASES -

Asking for and Giving Directions

883. Can you tell me how to get to the nearest subway station?
Meg tudná mondani, hogyan juthatok el a legközelebbi metróállomásra?
(Meg too-dnah mohn-dah-nee, hoh-gyahn yoo-tah-tohk el ah lehg-kuh-zehl-beh-bee meh-troh-ahl-loh-mahsh-rah?)

884. Excuse me, where's the bus stop for Route 25?
Elnézést, hol van a 25-ös útvonal buszmegállója?
(El-neh-zesht, hohl vahn ah hoo-shh-ush uht-voh-nahl boos-meh-gah-loh-yah?)

885. Could you give me directions to the city center?
Tudna nekem útbaigazítást adni a városközpontba?
(Tood-nah neh-kem oot-bah-ee-gah-zee-tahsht ahd-nee ah vah-rosh-kohz-pont-bah?)

886. I'm looking for a good place to eat around here. Any recommendations?
Jó étkezőhelyet keresek itt a környéken. Van ajánlása?
(Yoh ate-kay-zoh-heh-lyet keh-reh-sek eet ah kuhr-nyeh-ken. Vahn ah-yahn-lah-shah?)

887. Which way is the nearest pharmacy?
Merre van a legközelebbi gyógyszertár?
(Meh-reh vahn ah lehg-kuh-zehl-beh-bee dyoh-gih-szer-tahr?)

888. How do I get to the airport from here?
Hogyan jutok el innen a repülőtérre?
(Hoh-gyahn yoo-tohk el eeh-nen ah reh-puh-luh-tehr-reh?)

889. Can you point me to the nearest ATM?
Meg tudná mutatni, hol van a legközelebbi ATM?
(Meg too-dnah moo-tah-nee, hohl vahn ah lehg-kuh-zehl-beh-bee A-T-M?)

890. I'm lost. Can you help me find my way back to the hotel?
Eltévedtem. Tudna segíteni visszatalálni a szállodához?
(El-tay-vehd-tem. Tood-nah sheh-gee-teh-nee vees-sah-tah-lahl-nee ah sahl-loh-dah-hoz?)

891. Where's the closest gas station?
Hol van a legközelebbi benzinkút?
(Hohl vahn ah lehg-kuh-zehl-beh-bee ben-zin-koot?)

892. Is there a map of the city available?
Van rendelkezésre álló várostérkép?
(Vahn ren-del-keh-zesh-reh ah-loh vah-rosh-tare-kayp?)

893. How far is it to the train station from here?
Milyen messze van innen a vasútállomás?
(Mee-lyen meh-szeh vahn eeh-nen ah vah-shoot-ahl-loh-mahsh?)

894. Which exit should I take to reach the shopping mall?
Melyik kijáratot kell használnom a bevásárlóközponthoz?
(Meh-lyik kee-yah-raht-oht kell hahz-nahl-nohm ah beh-vah-shar-loh-kuhz-pont-hoz?)

895. Where can I find a taxi stand around here?
Hol találhatok taxit itt a környéken?
(Hohl tah-lahl-hah-tohk tahk-see-t eet ah kuhr-nyeh-ken?)

Idiomatic Expression: "Mint akit a cérnaszál húz." - Meaning: "To be very thin."
(Literal translation: "Like someone pulled by a thread.")

896. Can you direct me to the main tourist attractions?
El tudna vezetni a főbb turisztikai látványosságokhoz?
(El tood-na veh-zet-nee ah fuhb too-rihs-tih-kai laht-vah-nyoh-shah-gok-hoz?)

Fun Fact: "Hello" is used in Hungarian to mean both "hello" and "goodbye."

897. I need to go to the hospital. Can you provide directions?
Kórházba kell mennem. Tudna útbaigazítást adni?
(Kohr-hahz-bah kell men-nem. Tood-na oot-bah-ee-gah-zee-tahsht ahd-nee?)

898. Is there a park nearby where I can go for a walk?
Van a közelben egy park, ahol sétálhatok?
(Vahn ah kuh-zel-ben edj park, ah-hohl say-tahl-hah-tok?)

899. Which street should I take to reach the museum?
Melyik utcán menjek, hogy eljuthassak a múzeumhoz?
(Meh-yik oot-tsahn men-yek, hohdj el-yoo-tah-shahk ah moo-zay-oom-hoz?)

900. How do I get to the concert venue?
Hogyan jutok el a koncert helyszínére?
(Hoh-gyahn yoo-tok el ah kon-chert hely-sheen-ay-reh?)

901. Can you guide me to the nearest public restroom?
El tudna vezetni a legközelebbi nyilvános mosdóhoz?
(El tood-na veh-zet-nee ah lehg-kuh-zehl-beh-bee neel-vah-nosh mosh-doh-hoz?)

902. Where's the best place to catch a cab in this area?
Hol a legjobb hely ezen a területen taxit fogni?
(Hohl ah leh-johb hely eh-zen ah teh-roo-leh-ten tak-sit fohg-nee?)

Buying Tickets

903. I'd like to buy a one-way ticket to downtown, please.
Egy irányú jegyet szeretnék vásárolni a belvárosba, kérem.
(Edj eer-ah-new yeh-gyet seh-ret-nayk vah-shah-rol-nee ah bel-vah-rosh-bah, kay-rem.)

904. How much is a round-trip ticket to the airport?
Mennyibe kerül egy retúrjegy a reptérre?
(Men-yee-beh keh-rül edj reh-toor-yeh-gyeh ah rep-tehr-reh?)

905. Do you accept credit cards for ticket purchases?
Elfogadnak hitelkártyát jegyvásárlásra?
(El-foh-gahd-nahk hee-tel-kaar-tyaht yeh-gy-vah-shar-lahsh-rah?)

906. Can I get a student discount on this train ticket?
Kaphatok diák kedvezményt erre a vonatjegyre?
(Kah-pah-tohk dee-ahk ked-vez-mayn-yet eh-reh ah vo-nah-tyeh-gy-reh?)

907. Is there a family pass available for the bus?
Van családi bérlet a buszra?
(Vahn chah-lah-dee bayr-let ah boos-rah?)

Fun Fact: Hungary introduced the world to the biro – the ballpoint pen – invented by László Bíró.

908. What's the fare for a child on the subway?
Mennyi a gyerekjegy ára a metrón?
(Men-yee ah dye-rek-yeh-gy ah-rah ah meh-tron?)

909. Are there any senior citizen discounts for tram tickets?
Van-e kedvezmény nyugdíjasoknak a villamosjegyre?
(Vahn-eh ked-vehz-mayn nyuhg-dee-yah-shok-nahk ah vil-lah-mosh-yeh-gy-reh?)

910. Do I need to make a reservation for the express train?
Foglalnom kell-e helyet az expressz vonatra?
(Fohg-lahl-nohm kell-eh heh-yet az ekhs-pres von-ah-tra?)

911. Can I upgrade to first class on this flight?
Fel lehet-e szállni első osztályra ezen a járaton?
(Fel leh-het-eh sahl-nee el-shuh ohs-tah-ly-rah eh-zen ah yah-rah-ton?)

912. Are there any extra fees for luggage on this bus?
Van-e extra díj a csomagért ezen a buszon?
(Vahn-eh ekhs-tra dee-yah ah choh-mah-gairt eh-zen ah boos-zon?)

913. I'd like to book a sleeper car for the overnight train.
Szeretnék foglalni egy alvókocsit az éjszakai vonatra.
(Seh-ret-nayk fohg-lahl-nee edj al-voh-koh-cheet ahz aych-sah-kai von-ah-tra.)

914. What's the schedule for the next ferry to the island?
Mi a menetrend a következő kompra a szigetre?
(Mee ah meh-neht-rend ah kuh-veh-tkeh-zuh komp-rah ah see-geht-reh?)

915. Are there any available seats on the evening bus to the beach?
Van szabad hely az esti buszon a tengerpartra?
(Vahn sah-bahd heh-y az esh-tee boos-zon ah ten-gher-part-rah?)

916. Can I pay for my metro ticket with a mobile app?
Fizethetek a metrójegyemért mobil alkalmazással?
(Fee-ze-teh-tek ah meh-troh-yeh-gyem-airt moh-beel al-kahl-mah-zahsh-shahl?)

917. Is there a discount for purchasing tickets online?
Van-e kedvezmény az online jegyvásárlásra?
(Vahn-eh ked-vehz-mayn ahz on-line yeh-gy-vah-shahr-lahsh-rah?)

918. How much is the parking fee at the train station?
Mennyi a parkolási díj a vasútállomáson?
(Men-yee ah pahr-koh-lah-shee dee-y ah vah-shoo-tahl-loh-mah-shon?)

919. I'd like to reserve two seats for the next shuttle bus.
Két helyet szeretnék foglalni a következő ingajáratra.
(Kayt heh-yet seh-ret-nayk fohg-lahl-nee ah kuh-veh-tkeh-zuh ing-ah-yah-rah-tra.)

920. Do I need to validate my ticket before boarding the tram?
Érvényesítenem kell a jegyemet a villamosra felszállás előtt?
(Air-vayn-yay-see-teh-nem kell ah yeh-gye-meht ah vil-lah-mosh-rah fel-sahl-lahsh ehl-uh-t?)

921. Can I buy a monthly pass for the subway?
Vehetek-e havi bérletet a metróra?
(Veh-heh-tek-eh hah-vee bair-leh-tet ah meh-tror-rah?)

922. Are there any group rates for the boat tour?
Van-e csoportos tarifa a hajókiránduláshoz?
(Vahn-eh cho-por-tosh tah-ree-fah ah hoy-o-kir-ahn-doo-lash-hoz?)

Travel Story: In a Szombathely museum, a curator described an ancient artifact with, "Az idő minden sebet begyógyít," meaning "Time heals all wounds," referring to the city's turbulent history.

Arranging Travel

923. I need to book a flight to Paris for next week.
Jövő hétre foglalnom kell egy repülőjegyet Párizsba.
(Yuh-vuh hay-treh fohg-lahl-nohm kell edj reh-puh-lyuh-yeh-gyet Pah-reezsh-bah.)

924. What's the earliest departure time for the high-speed train?
Mi a legkorábbi indulási idő a gyorsvonatra?
(Mee ah legh-koh-rahb-ee een-doo-lah-shee ee-duh ah dyorsh-vohn-ah-trah?)

925. Can I change my bus ticket to a later time?
Át lehet-e tenni a buszjegyemet későbbi időpontra?
(Aht leh-het-eh teh-nee ah boos-yeh-geh-meht keh-shuhb-bee ee-duh-pohn-trah?)

926. I'd like to rent a car for a week.
Szeretnék egy autót bérelni egy hétre.
(Seh-ret-nayk edj ow-toht beh-rehl-nee edj hay-treh.)

927. Is there a direct flight to New York from here?
Van-e közvetlen járat New Yorkba innen?
(Vahn-eh kuhz-veh-tlen yah-raht New York-bah een-nen?)

928. I need to cancel my reservation for the cruise.
Lemondanom kell a hajóút foglalásomat.
(Leh-mohn-dah-nohm kell ah hoy-oh-oot fohg-lah-lah-sho-maht.)

929. Can you help me find a reliable taxi service for airport transfers?
Tudna segíteni megbízható taxiszolgáltatást találni a repülőtéri transzferekhez?
(Tood-nah sheh-gee-teh-nee megh-bee-zha-toh tahk-see-szol-gahl-tah-tahsht tah-lahl-nee ah reh-puh-luh-tay-ree trahnz-feh-rek-hez?)

930. I'm interested in a guided tour of the city. How can I arrange that?
Érdekel egy városnéző túra. Hogyan szervezhetem meg?
(Ayr-deh-kel edj vah-rosh-nay-zuh too-rah. Ho-gyahn sehr-veh-zheh-tehm megh?)

931. Do you have any information on overnight buses to the capital?
Van információ az éjszakai buszokról a fővárosba?
(Vahn een-for-mah-tsee-oh ahz aych-sah-kai boosh-oh-krohl ah fuh-vah-rosh-bah?)

932. I'd like to purchase a travel insurance policy for my trip.
Szeretnék egy utasbiztosítást vásárolni az utazásomhoz.
(Seh-ret-nayk edj oo-tahs-bee-toh-shee-tahsht vah-shah-rol-nee ahz oo-tah-zah-shom-hoz.)

933. Can you recommend a good travel agency for vacation packages?
Tudna ajánlani egy jó utazási irodát nyaralási csomagokhoz?
(Tood-nah ah-yahn-lah-nee edj yoh oo-tah-zah-shee ee-roh-dah-t nya-rah-lah-shee choh-mah-gok-hoz?)

934. I need a seat on the evening ferry to the island.
Kell egy hely az esti komphoz a szigetre.
(Kehl edj hay az esh-tee kohm-pohz ah see-geh-trah.)

935. How can I check the departure times for international flights?
Hogyan ellenőrizhetem a nemzetközi járatok indulási idejét?
(Ho-gyahn el-len-ur-eez-heh-tem ah nem-zet-koh-zee yah-rah-tok een-doo-lah-shee ee-deh-yayt?)

936. Is there a shuttle service from the hotel to the train station?
Van shuttle szolgáltatás a hoteltől a vasútállomásig?
(Vahn shuh-tel szol-gahl-tah-tahsh ah ho-tel-tuhl ah vah-shoo-tahl-loh-mah-sheeg?)

937. I'd like to charter a private boat for a day trip.
Szeretnék bérelni egy privát hajót egy napi kiránduláshoz.
(Seh-ret-nayk beh-rel-nee edj pree-vah-t hoy-ot edj nah-pee kee-ran-doo-lah-shoz.)

938. Can you assist me in booking a vacation rental apartment?
Segíthet nekem foglalni egy nyaraló apartmant?
(Sheh-geet neh-kem fohg-lahl-nee edj nya-rah-loh ah-part-mahnt?)

939. I need to arrange transportation for a group of 20 people.
Szükségem van szállítás megrendelésére egy 20 fős csoport számára.
(Sewk-shey-gem vahn sahl-ee-tahsh meh-gren-deh-leh-sheh-reh edj hoo-sh fersh choh-pohrt sah-mah-rah.)

940. What's the best way to get from the airport to the city center?
Mi a legjobb módja, hogy az repülőtérről a városközponthoz jusson?
(Mee ah legh-yohb moh-dyah, hogy ahz reh-pew-luh-tayr-rol ah vah-ros-kehz-pohnt-hoz yoos-son?)

941. Can you help me find a pet-friendly accommodation option?
Tudna segíteni kisállatbarát szálláshelyet találni?
(Tood-nah sheh-gee-teh-nee kee-shahl-laht-bah-rah-t sahl-lahsh-hay-let tah-lahl-nee?)

942. I'd like to plan a road trip itinerary for a scenic drive.
Szeretnék egy útitervet tervezni egy festői útvonalhoz.
(Seh-ret-nayk edj oo-tee-ter-vet teh-rehz-nee edj fes-tuh-ee oot-vo-nal-hoz.)

"Az élet tele van lehetőségekkel."
"Life is full of opportunities."
Life offers many chances and possibilities.

Word Search Puzzle: Transport & Directions

CAR
AUTÓ
BUS
BUSZ
AIRPORT
REPÜLŐTÉR
SUBWAY
METRÓ
TAXI
TAXI
STREET
UTCA
MAP
TÉRKÉP
DIRECTION
IRÁNY
TRAFFIC
FORGALOM
PARKING
PARKOLÓ
PEDESTRIAN
GYALOGOS
HIGHWAY
AUTÓPÁLYA
BRIDGE
HÍD
ROUNDABOUT
KÖRFORGALOM
TICKET
JEGY

P	X	H	K	T	Y	T	I	M	P	O	Y	Z	O	V
M	Í	C	T	B	U	R	F	R	B	M	T	E	Z	Q
D	X	A	E	M	Y	O	Ó	T	Á	H	N	D	X	B
H	X	D	X	S	R	P	B	L	A	N	P	B	E	U
I	Z	Q	E	G	T	R	P	A	O	C	Y	T	D	Z
G	A	S	A	X	M	I	M	B	D	K	V	Y	N	K
P	Q	L	U	H	J	A	H	E	Z	N	R	T	V	L
B	O	O	A	B	F	C	V	K	T	K	U	A	G	X
M	B	U	S	H	D	A	N	Q	W	R	T	O	P	Y
Q	T	O	V	U	G	R	C	T	C	I	Ó	I	R	J
Ó	C	P	C	B	W	D	I	R	E	C	T	I	O	N
G	N	I	K	R	A	P	É	A	J	V	N	I	T	X
S	U	B	W	A	Y	T	F	F	Q	T	E	E	H	E
M	G	J	G	M	Ő	P	B	F	D	D	K	Z	O	G
O	I	J	E	L	E	X	H	I	R	C	Y	Q	H	G
L	I	A	Ü	J	E	G	Y	C	I	M	B	C	Y	U
A	A	P	F	Z	J	N	T	T	D	Z	K	J	P	T
G	E	C	S	U	B	A	A	R	C	A	B	P	J	O
R	X	B	T	A	H	I	X	F	K	Q	T	S	N	B
O	Q	C	U	U	U	R	I	H	I	G	H	W	A	Y
F	E	P	F	I	P	T	X	Y	E	G	B	U	C	V
R	A	S	X	É	A	S	Ó	A	M	T	P	N	U	U
Ö	L	B	K	R	I	E	V	P	P	H	T	O	S	P
K	W	R	G	R	X	D	V	T	Á	S	W	O	U	U
N	É	C	K	Z	S	E	I	Z	A	L	G	O	B	P
T	V	E	A	W	G	P	R	S	R	O	Y	H	R	A
A	H	D	U	Y	U	X	P	C	L	S	M	A	I	M
P	C	T	E	E	R	T	S	A	R	A	T	P	D	M
C	J	I	G	N	S	U	Y	G	F	D	O	E	G	T
D	R	G	L	F	G	G	C	G	N	D	W	L	E	J

Correct Answers:

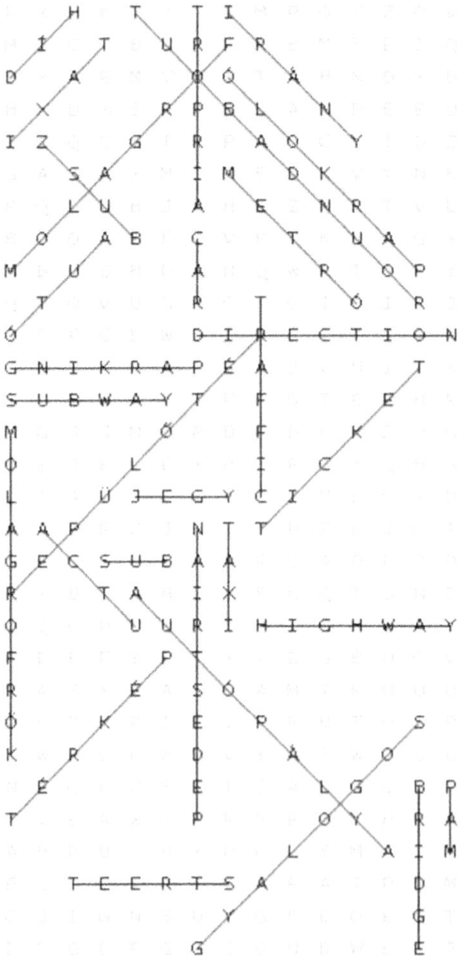

SPECIAL OCCASIONS

- EXPRESSING WELL WISHES AND CONGRATULATIONS -
- CELEBRATIONS AND CULTURAL EVENTS -
- GIVING AND RECEIVING GIFTS -

Expressing Well Wishes & Congratulations

943. Congratulations on your graduation!
Gratulálok a diplomádhoz!
(Grah-too-lah-lok ah dee-ploh-mahd-hoz!)

944. Best wishes for a long and happy marriage.
Legjobb kívánságok egy hosszú és boldog házassághoz.
(Leh-yohb kee-vah-nshah-gok edj hoh-soo aysh bohl-dohg hah-zah-shahg-hoz.)

945. Happy anniversary to a wonderful couple.
Boldog évfordulót a csodálatos párnak.
(Bohl-dohg ayv-for-doo-loht ah choh-dah-lah-tosh pahr-nak.)

946. Wishing you a speedy recovery.
Gyors felépülést kívánok.
(Dyorsh feh-lay-poo-lay-sht kee-vah-nok.)

947. Congratulations on your new job!
Gratulálok az új munkádhoz!
(Grah-too-lah-lok ahz ooy moon-kahd-hoz!)

> **Travel Story:** At a Hungarian cooking class, the instructor said, "A legnagyobb kincs a tudás," meaning "The greatest treasure is knowledge," while teaching traditional cooking techniques.

948. May your retirement be filled with joy and relaxation.
Nyugdíjad legyen tele örömmel és pihenéssel.
(Nyoog-dee-yahd leh-gyen teh-leh ur-rem-mel aysh pee-heh-nay-shehl.)

949. Best wishes on your engagement.
Legjobb kívánságok az eljegyzésedhez.
(Leh-yohb kee-vah-nshah-gok ahz el-yeh-gye-zay-shehd-hez.)

950. Happy birthday! Have an amazing day.
Boldog születésnapot! Legyen csodálatos napod.
(Bohl-dohg soo-leh-taysh-nah-pot! Leh-gyen choh-dah-lah-tosh nah-pod.)

> **Cultural Insight:** Hungary is famous for its thermal baths, with Budapest known as the 'City of Spas' for its numerous public thermal baths.

951. Wishing you success in your new venture.
Sok sikert az új vállalkozásodhoz.
(Shok shee-kert ahz ooy vahl-lahl-ko-zah-shod-hoz.)

952. Congratulations on your promotion!
Gratulálok a kinevezésedhez!
(Grah-too-lah-lok ah kee-nev-eh-zay-shehd-hez!)

953. Good luck on your exam—you've got this!
Sok szerencsét a vizsgádhoz – meg tudod csinálni!
(Shok se-ren-chayt ah veezg-dah-hoz – megh too-dod chee-nahl-nee!)

954. Best wishes for a safe journey.
Biztonságos utazást kívánok.
(Biz-ton-shah-gohsh oo-tah-zahsht kee-vah-nok.)

955. Happy retirement! Enjoy your newfound freedom.
Boldog nyugdíjazást! Élvezd az újonnan megszerzett szabadságodat.
(Bohl-dohg nyoog-dee-yah-zahsht! Ay-leh-ved ahz ooyon-nahn megh-ser-zett sah-bahd-shah-go-dah-t.)

956. Congratulations on your new home.
Gratulálok az új otthonodhoz.
(Grah-too-lah-lok ahz ooy ot-toh-nohd-hoz.)

957. Wishing you a lifetime of love and happiness.
Egy életen át tartó szeretetet és boldogságot kívánok.
(Edj ay-leh-ten aht tah-rtoh seh-reh-teh-teht aysh bohl-dohg-shah-got kee-vah-nok.)

958. Best wishes on your upcoming wedding.
Legjobb kívánságok a közelgő esküvőtökhöz.
(Leh-yohb kee-vah-nshah-gok ah keu-zel-guh es-kew-vuh-teuk-huhz.)

959. Congratulations on the arrival of your baby.
Gratulálok az újszülött gyermekedhez.
(Grah-too-lah-lok ahz ooy-sue-let gehr-me-ked-hez.)

960. Sending you warmest thoughts and prayers.
Meleg gondolatokat és imákat küldök.
(Meh-leg gon-do-lah-toh-kaht aysh ee-mah-kat keul-dook.)

961. Happy holidays and a joyful New Year!
Boldog ünnepeket és vidám új évet!
(Bohl-dohg oon-neh-peh-ket aysh vee-dahm ooy ay-vet!)

962. Wishing you a wonderful and prosperous future.
Csodálatos és sikeres jövőt kívánok.
(Choh-dah-lah-tosh aysh shee-keh-res yuh-vut kee-vah-nok.)

Idiomatic Expression: "Nincs itt valami kutyabőr?" - Meaning: "Something is not right here."
(Literal translation: "Isn't there a dog skin here?")

Celebrations & Cultural Events

963. I'm excited to attend the festival this weekend.
Izgatottan várom a hétvégi fesztivált.
(Eez-gah-toh-tahn vah-rom ah hayt-vay-ghee fes-ti-valt.)

964. Let's celebrate this special occasion together.
Ünnepeljük együtt ezt a különleges alkalmat.
(Oon-neh-pel-yook ed-yoot ezt ah kew-luhn-leh-gesh al-kahl-maht.)

Fun Fact: Hungary has a unique version of football, called Teqball, played on a curved table.

965. The cultural parade was a vibrant and colorful experience.
A kulturális felvonulás élettel teli és színes élmény volt.
(Ah kool-too-rah-leesh fel-vo-noo-lahsh ay-let-tel teh-lee aysh seen-esh ayl-mayn volt.)

966. I look forward to the annual family reunion.
Alig várom az éves családi összejövetelt.
(Ah-leeg vah-rom ahs ay-vesh chah-lah-dee us-say-yuh-veh-telt.)

967. The fireworks display at the carnival was spectacular.
A karneváli tűzijáték látványos volt.
(Ah kar-ne-vah-lee too-zee-yah-tayk laht-van-yosh volt.)

968. It's always a blast at the neighborhood block party.
A szomszédsági tömbparti mindig nagyon szórakoztató.
(Ah sohm-sayd-shah-ghee tumb-par-tee min-deeg nahd-yon saw-rah-koz-tah-toh.)

969. Attending the local cultural fair is a tradition.
A helyi kulturális vásáron való részvétel hagyomány.
(Ah hay-ee kee-oor-tah-rah-lish vah-shah-ron vah-loo reh-sz-veh-tel hah-gyo-mah-n.)

970. I'm thrilled to be part of the community celebration.
Izgatott vagyok, hogy részese lehetek a közösségi ünneplésnek.
(Eez-gah-tot vah-yok, hohg reh-seh-she leh-heh-tek ah keu-ue-sseh-ghee uen-nehp-lehsh-nek.)

971. The music and dancing at the wedding were fantastic.
A zene és a tánc a lagzin fantasztikus volt.
(Ah zeh-neh eish ah tahnts ah lah-gee-zin fahn-tahs-ztee-kush volt.)

972. Let's join the festivities at the holiday parade.
Csatlakozzunk az ünnepléshez a szünidei parádén.
(Chaht-lah-koh-zoonk ahz uen-nehp-leh-shez ah soo-nee-deh-ee pah-rah-dehn.)

973. The cultural exchange event was enlightening.
A kulturális csereesemény felvilágosító volt.
(Ah kee-oor-tah-rah-lish cheh-reh-eh-sheh-mehn fayl-vee-lah-goh-shee-toh volt.)

974. The food at the international festival was delicious.
A nemzetközi fesztiválon az étel finom volt.
(Ah nem-zet-keu-zee fes-tee-vah-lon ahz ay-tel fee-nom volt.)

Travel Story: In a traditional Hungarian deli, I overheard the saying, "A győzelem édes, de a vereség tanulságos," meaning "Victory is sweet, but defeat is instructive," while discussing a local food competition.

975. I had a great time at the costume party.
Nagyon jól éreztem magam a jelmezbálon.
(Nahj-on yohl eh-reht-tem mah-gahm ah yel-mehz-bah-lon.)

976. Let's toast to a memorable evening!
Koccintsunk egy emlékezetes estére!
(Koh-cheen-tsoongk edj em-lay-keh-zeh-tehsh eh-shteh-reh!)

977. The concert was a musical extravaganza.
A koncert egy zenei extravaganza volt.
(Ah kon-chert edj ze-neh-ee ekh-strah-vah-gahn-zah volt.)

978. I'm looking forward to the art exhibition.
Alig várom a művészeti kiállítást.
(Ah-leeg vah-rom ah mue-veh-sheh-tee kee-ahl-lee-tahsht.)

979. The theater performance was outstanding.
A színházi előadás kiemelkedő volt.
(Ah see-nee-hah-zee eh-luh-ah-dahsh kee-em-el-ke-deu volt.)

980. We should participate in the charity fundraiser.
Részvételünk kellene a jótékonysági adománygyűjtésben.
(Reh-sz-veh-tay-loonk kell-eh-neh ah yoe-teh-kon-yah-shee ah-doh-mahn-jyue-tye-shben.)

981. The sports tournament was thrilling to watch.
Izgalmas volt nézni a sporttornát.
(Eez-gahl-mash volt neh-znee ah shport-tor-nah-t.)

982. Let's embrace the local customs and traditions.
Öleljük meg a helyi szokásokat és hagyományokat.
(Ueh-leh-yuek mehg ah hay-ee soh-kah-sho-kat eish hah-gyo-mah-nyoh-kat.)

Giving and Receiving Gifts

983. I hope you like this gift I got for you.
Remélem, tetszik ez az ajándék, amit neked szereztem.
(Reh-may-lem, tet-sik ehz ahz ah-yahn-dek, ah-meet neh-ked seh-reh-tsem.)

984. Thank you for the thoughtful present!
Köszönöm a figyelmes ajándékot!
(Kuh-suh-nuhm ah fee-gyel-mesh ah-yahn-deh-kot!)

985. It's a token of my appreciation.
Ez a megbecsülésem jelképe.
(Ehz ah meh-gbeh-chew-leh-shehm yel-keh-peh.)

986. Here's a little something to brighten your day.
Itt egy kis valami, hogy felderítsd a napodat.
(Itt edge keesh vah-lah-mee, hohg fel-deh-reetsd ah nah-poh-dat.)

987. I brought you a souvenir from my trip.
Hoztam neked egy szuvenírt az utazásomról.
(Hohz-tahm neh-ked edge soo-veh-neert ahs oo-tah-zah-shohm-rawl.)

988. This gift is for you on your special day.
Ez az ajándék neked szól a különleges napodon.
(Ehz ahs ah-yahn-dehk neh-ked shawl ah kuh-luhn-leh-gesh nah-poh-dohn.)

989. I got this with you in mind.
Ezt téged szem előtt tartva szereztem.
(Ehst tay-ged sem eh-lutt tahr-tvah seh-reh-tsem.)

990. You shouldn't have, but I love it!
Nem kellett volna, de imádom!
(Nehm kel-lett vol-nah, deh ee-mah-dohm!)

991. It's a small gesture of my gratitude.
Ez egy kis gesztus a hálámból.
(Ehz edge keesh ges-tus ah hah-lahm-bol.)

992. I wanted to give you a little surprise.
Egy kis meglepetést akartam neked adni.
(Edge keesh meh-gleh-peh-tesht ah-kahr-tahm neh-ked ah-dnee.)

993. I hope this gift brings you joy.
Remélem, ez az ajándék örömet hoz neked.
(Reh-may-lem, ehz ahz ah-yahn-dehk uh-ruh-met hohz neh-ked.)

994. It's a symbol of our friendship.
Ez a barátságunk szimbóluma.
(Ehz ah bah-rah-tshah-goonk seem-boh-loo-mah.)

995. This is just a token of my love.
Ez csak a szeretetem jelképe.
(Ehz chahk ah seh-reh-teh-tem yel-keh-peh.)

996. I knew you'd appreciate this.
Tudtam, hogy értékelni fogod ezt.
(Tood-tahm, hohg ehr-teh-kel-nee foh-gohd ehst.)

997. I wanted to spoil you a bit.
Kicsit elkényeztetni akartalak.
(Kee-chit el-kayn-yez-teht-nee ah-kahr-tah-lahk.)

998. This gift is for your hard work.
Ez az ajándék a kemény munkádért van.
(Ehz ahs ah-yahn-dehk ah keh-mein moon-kah-dehrt vahn.)

999. I hope you find this useful.
Remélem, hogy hasznosnak találod ezt.
(Reh-may-lem, hohg hahs-nohsh-nahk tah-lah-lohd ehst.)

1000. It's a sign of my affection.
Ez a szeretetem jelzése.
(Ehz ah seh-reh-teh-tem yel-zay-sheh.)

1001. I brought you a little memento.
Hoztam neked egy kis emléket.
(*Hohz-tahm neh-ked edge keesh em-lay-ket.*)

"Cselekedni kell, nem álmodozni."
"One must act, not dream."
It's important to take action rather than just fantasize.

Interactive Challenge: Special Occasions

(Link each English word with their corresponding meaning in Hungarian)

1) Celebration	Ünnep
2) Gift	Ajándék
3) Party	Ünneplés
4) Anniversary	Buli
5) Congratulations	Diplomaosztó
6) Wedding	Köszöntés
7) Birthday	Gratuláció
8) Graduation	Ceremónia
9) Holiday	Koccintás
10) Ceremony	Születésnap
11) Tradition	Esküvő
12) Festive	Meglepetés
13) Greeting	Évforduló
14) Toast	Hagyomány
15) Surprise	Ünnepi

Correct Answers:

1. Celebration - Ünneplés
2. Gift - Ajándék
3. Party - Buli
4. Anniversary - Évforduló
5. Congratulations - Gratuláció
6. Wedding - Esküvő
7. Birthday - Születésnap
8. Graduation - Diplomaosztó
9. Holiday - Ünnep
10. Ceremony - Ceremónia
11. Tradition - Hagyomány
12. Festive - Ünnepi
13. Greeting - Köszöntés
14. Toast - Koccintás
15. Surprise - Meglepetés

CONCLUSION

Congratulations on reaching the final chapter of "The Ultimate Hungarian Phrase Book." As you prepare to immerse yourself in the rich culture of Hungary, from the majestic Danube River to the historic streets of Budapest, your dedication to learning Hungarian is commendable.

This phrasebook has been your steadfast companion, providing key phrases and expressions to enhance your communication seamlessly. You've progressed from simple greetings like "Szia" and "Jó napot" to more complex expressions, preparing yourself for a variety of encounters, enriching experiences, and a deeper appreciation of Hungary's unique heritage.

Embarking on the journey of language proficiency is a rewarding venture. Your commitment has established a solid base for fluency in Hungarian. Remember, language is not just a medium for conversation; it's a bridge to understanding a culture's heart and soul.

If this phrasebook has contributed to your language learning journey, I would love to hear about it! Connect with me on Instagram: **@adriangruszka**. Share your adventures, seek guidance, or simply say "Szia!" I'd be thrilled if you mention this book on social media and tag me – I'm eager to celebrate your strides in mastering Hungarian.

For more resources, deeper insights, and updates, please visit **www.adriangee.com**. There, you'll find an abundance of information, including recommended courses and a community of fellow language enthusiasts ready to support your continuous learning.

Learning a new language opens doors to novel relationships and viewpoints. Your enthusiasm for learning and adaptation is your most powerful asset in this linguistic journey. Embrace every opportunity to learn, engage, and deepen your understanding of Hungarian culture and lifestyle.

Sok szerencsét! (Good luck!) Continue practicing diligently, honing your skills, and most importantly, enjoying every moment of your Hungarian language adventure.

Nagyon köszönöm! (Thank you very much!) for choosing this phrasebook. May your future explorations be enriched with engaging conversations and achievements as you delve deeper into the captivating world of languages!

- *Adrian Gee*